Craig Groeschel escribió otro treme[...] para verle hacer sus decisiones, pero le he visto respaldar las que ya ha hecho, tanto las fáciles como las difíciles. Estas son palabras verdaderas de un tipo humilde que vive lo que habla.

—Bob Goff, autor de *El amor hace*, un *best seller* del *New York Times*

No son muchos los que pueden escribir un libro que haga parecer que seguir a Dios es así de fácil. Pero esto es precisamente lo que el pastor Craig Groeschel ha hecho en este mensaje práctico, sensato y vivificador. Este no es solo otro libro acerca de cómo tomar decisiones, sino uno en el que nos explica que son nuestras decisiones diarias las que crean la historia de nuestra vida. No tenemos que vivir al azar, podemos vivir con un propósito, en el camino y como parte de una historia más amplia que Dios está tejiendo en la tierra.

—Judah Smith, pastor principal de The City Church; autor de *Jesús es* _____, un *best seller* del *New York Times*

Creo que las decisiones diarias nos llevan al destino de nuestra vida. Por eso me alegra tanto que el libro *La dirección divina*, por Craig Groeschel, desafíe nuestras pequeñas decisiones. Este libro le ayudará a ver hasta las decisiones más pequeñas mediante el lente del propósito de Dios a medida que Él le llama a seguir su dirección divina para su vida.

—Christine Caine, fundadora de A21 y Propel Women

Como una persona que aprendió a fuerza de golpes el poder que tienen las decisiones buenas y malas, los principios en *La dirección divina* realmente me impresionaron. Si usted está listo para dejar de estar estancado en la rutina y hacer mejores decisiones, el mensaje de Craig es un buen inicio para su nuevo peregrinaje.

—Dave Ramsey, autor de libros *best seller*, anfitrión de un programa de radio transmitido a nivel nacional

Este libro, por el pastor Craig Groeschel, es una lectura obligada para cualquiera que se haya estancado por no saber lo que Dios tiene planeado para su vida ni sabe cómo hacer caso a su guía. Agradezco que personas como Craig se nos acerquen con sabiduría, humor y perspicacia.

—JEFFERSON BETHKE, autor de *Jesús > Religion*,
un *best seller* del *New York Times*

Cuando tengo que tomar una decisión importante, luego de consultarle a Dios y a mi esposa, la primera persona a quien acudo es Craig Groeschel. Dios le ha dado una capacidad inigualable para aislar los asuntos importantes y destilar la sabiduría bíblica en pasos de acción. *La dirección divina* es un punto de acceso para que usted obtenga una perspectiva transformadora.

—STEVE FURTICK, pastor de Elevation Church;
autor *best seller* del *New York Times*

Craig Groeschel escribió un libro práctico y, sin embargo, espiritualmente sensato que de seguro le ayudará a decidir cuáles serán sus próximos pasos en la vida. En *La dirección divina*, Craig detalla siete decisiones que usted puede tomar hoy y que influirán en las historias que contará en el futuro.

—ANDY STANLEY, pastor principal de North Point Ministries

Una vez hubo una forma de aplicar la pena capital que se practicaba en la China y se llamaba *ling chi*, o sea la muerte por mil heridas. Ninguna de las heridas era seria, pero en conjunto eran letales. En *La dirección divina* el pastor Craig Groeschel le ayudará a evitar una vida con mil heridas.

—LEVI LUSKO, pastor principal de
Fresh Life Church; autor de *Swipe Right*

A menudo deseamos conocer la voluntad de Dios para nuestras vidas. La respuesta puede variar un poco para cada uno de nosotros, pero *La dirección divina* le ofrecerá un gran marco de referencia común para descubrir lo que su historia puede llegar a ser. Con metas sencillas, prácticas y factibles, Craig nos ayuda a ver los pequeños pasos que podrán marcar una gran diferencia en nuestra vida.

—KYLE IDLEMAN, autor de *No soy fan: cómo seguir a Jesús sin reservas*

LA
# DIRECCIÓN
# DIVINA

# LA
# DIRECCIÓN
# DIVINA

## CRAIG GROESCHEL

*La misión de Editorial Vida es ser la compañía líder en satisfacer las necesidades de las personas con recursos cuyo contenido glorifique al Señor Jesucristo y promueva principios bíblicos.*

**LA DIRECCIÓN DIVINA**
Edición en español publicada por
Editorial Vida – 2017
501 Nelson Place, Nashville, TN 37214, Estados Unidos de América

**©2017 por Editorial Vida**
Este título también está disponible en formato electrónico.

Editora en Jefe: *Graciela Lelli*
Traducción: *Elizabeth Morris*
Edición: *Madeline Díaz*
Adaptación del diseño al español: *Grupo Nivel Uno, Inc.*

ISBN: 978-0-8297-6799-5

CATEGORÍA: Religión / Vida cristiana / Crecimiento espiritual

IMPRESO EN ESTADOS UNIDOS DE AMÉRICA

PRINTED IN THE UNITED STATES OF AMERICA

17 18 19 20 LSC 6 5 4 3 2 1

*Podemos hacer nuestros planes, pero el
Señor determina nuestros pasos.*

—PROVERBIOS 16.9, NTV

# Contenido

# Pequeñas decisiones

*La vida es el total de todas sus decisiones.*
—ALBERT CAMUS

Tomar una decisión es la única distancia que lo separa de lograr un cambio completo en su vida.

Aunque es curioso, es posible que usted no sepa cuál es esta decisión. Es natural pensar que una decisión transformadora y tan grande sería obvia. A veces lo es, como cuando usted tiene que decidir si debe aceptar un trabajo nuevo en otra ciudad y trasladarse para allá con su familia. O si debe volver a la escuela para obtener un título. O si debe casarse con la persona con quien ha estado saliendo durante los últimos meses. Claro, decisiones tan enormes como estas le presentarán incontables consecuencias que estremecerán toda su vida.

Pero las decisiones pequeñas también pueden tener efectos grandes. Nuestra vida constantemente se desborda en las vidas de otros y las vidas de otros también se desbordan en la nuestra. Como dominós cayendo, nuestras decisiones más pequeñas pueden desencadenar consecuencias que jamás pudimos imaginar. Así fue como conocí a mi esposa, no jugando dominó, sino estudiando para un examen importante en la universidad.

Sucedió un par de días antes de los exámenes finales sobre gerencia de negocios, una clase que durante todo el trimestre me arruinó los días entre semanas. Al igual que la mayoría de mis compañeros de estudio, quería hacer *cualquier* cosa menos estudiar para este examen. Así que cuando un par de mis compinches me invitaron a una fiesta, consideré seriamente aceptar, ya que no tenía nada de importancia que hacer, ¿no es cierto?

Con muy pocas ganas decidí no ir de parranda y optar por una última sesión maratón de estudio en la biblioteca. No había cómo predecir lo que esta decisión, al parecer tan trivial, afectaría el resto de mi vida. Sentado a una mesa con papeles esparcidos a mi alrededor, estaba pensativo, tomando notas y hojeando un libro de texto, acerca de la gestión de empresas, que tenía el tamaño de una guía de teléfonos (y que hubiera sido más interesante de leer).

«Hola». Me sorprendió una voz, así que miré hacia arriba y reconocí a una muchacha de una de mis otras clases. Ella andaba caminando por allí cuando decidió presentarse. Conversamos durante unos minutos y al poco rato volví a conversar sobre el tema de mi recién descubierta fe en Cristo.

Aunque no compartía mis creencias, parecía estar dispuesta a conversar acerca de estas. Así que más tarde, esa noche, continuamos la conversación mientras comíamos.

Sin embargo, a medida que nuestra discusión se acaloraba, ella se enfriaba. (Más tarde me confesó que, aunque yo le *parecí* bastante normal, durante la comida me descartó por catalogarme como un chiflado religioso).

Unas semanas más tarde volví a tropezarme con esta muchacha en el edificio de administración de empresas y ella, muy animada, me tomó del brazo para decirme: «¡Óyeme, acabo de recordar algo, conozco a una chica que *tienes* que conocer! Es extraña... ¡como tú! Ella es tan exagerada en cuanto a Dios como tú». Al principio pensé que se estaba burlando de mí (y es posible que así fuera), pero lo de la muchacha sí era cierto. Y gracias a esta recomendación conocí a Amy Fox, la mujer que luego se convirtió en mi esposa y en la madre de nuestros seis hijos.

Aquí hay una lección obvia: si usted quiere casarse, deje la fiesta y diríjase directamente a una biblioteca. (Bueno, tal vez esto no funcione para todos, pero le aseguro que es un buen consejo para los que quieran aprobar una clase de gestión de empresas). No se confunda, las fiestas no son malas en sí, pero en este caso tomé ante Dios una decisión sólida y correcta que necesitaba tomar. Y como resultó ser, Dios usó esta buena decisión de maneras que jamás hubiera imaginado.

Lo que sí *es* cierto es que las decisiones que tomemos hoy determinarán las historias que mañana contaremos acerca de nuestras vidas. Todos los días, y durante todo el día, tomamos pequeñas decisiones, una tras otra. Y estas decisiones se acumulan, cada una entretejida con las demás, formando el tapiz que representa la historia de nuestra vida.

Por eso este libro es tan importante. Jamás he tenido un mensaje más práctico y vivificador que presentarle. Sinceramente deseo ayudarle a tomar decisiones delante de Dios que le lleven a una vida llena de gozo y propósito. El proceso requiere aceptar la responsabilidad de tomar las decisiones y alinearlas con los principios de Dios y luego darle seguimiento con una acción dedicada. De una manera u otra cada decisión que usted tome será de por vida, ya sea que discierna adónde le llevará o no esa decisión. Así que, si quiere cambiar su vida, si quiere coherencia entre lo que cree y cómo vive y si está dispuesto a dejar que Dios le escriba la historia de su vida, este libro es para usted.

> **Las decisiones que tomemos hoy determinarán las historias que mañana contaremos acerca de nuestra vida.**

Una decisión es la única distancia que le separa de la mejor decisión que jamás haya tomado.

## Páselo adelante

Nunca podría haber predicho que la muchacha que conocí en la biblioteca sería quien un día me presentaría a la mujer de mis sueños. Pero es muy cierto que muchas de nuestras decisiones nos llevan a consecuencias previsibles. Y si aprendemos a elegir bien, podremos conectar los puntos entre donde nos encontramos y donde deseamos estar. Por ejemplo, la mayoría de las personas con matrimonios saludables, seguros y cariñosos se dan cuenta de que el matrimonio requiere trabajar un poco todos los días (y a veces es más que trabajar un poco). Aprender a criar bien es algo similar. Los niños no se convierten en adultos responsables y respetuosos como por arte de magia; necesitan modelos paternales constantes y cariñosos. Estos mismos principios también se aplican a nuestro trabajo. Las carreras exitosas no son productos adicionales de las circunstancias o de la suerte. Son predecibles, el resultado de un trabajo arduo, una concentración dedicada y riesgos calculados.

Obviamente hay excepciones. Todos podríamos señalar matrimonios en los que ambos parecían trabajar muy fuerte, pero de todas formas terminaron divorciándose. Hijos con padres increíblemente cariñosos pueden terminar con serios problemas. Una empresa se puede ir a pique, aunque tenga un tremendo liderazgo. Pero en general, si usted desea alcanzar una meta, tendrá que tomar decisiones que le lleven en la dirección que quiere ir. En su excelente libro, *The Principle of the Path* [El principio de la senda], Andy Stanley, mi buen amigo y compañero en el pastorado, lo dice así: «Dirección, no intención, es lo que determina el destino».

Si usted quiere dirigirse hacia la historia que desea contar, tiene que tomar pequeñas decisiones que le cambiarán la vida y actuar diariamente de acuerdo a estas. La *próxima* decisión que tome siempre será la mejor. Cada decisión debe acercarle cada vez más a todo lo que Dios desea que usted sea, debe guiar su vida en la dirección de una historia que le hará feliz contar a otros.

La mayoría de las personas mira a los que tienen éxito y calcula que es probable que solo tomara un puñado de decisiones importantes y grandes. Pero lo cierto es completamente lo opuesto. Las pequeñas decisiones de las que nadie se percata son las que dan por resultado el gran impacto que todos deseamos.

Cuando usted decide perdonar a su cónyuge en lugar de aferrarse al resentimiento, nadie ve este hecho. Pero la evidencia será obvia en su matrimonio. Las personas le comentarán lo bueno que son sus hijos sin darse cuenta de que adquirieron su madurez con el paso del tiempo, creciendo lentamente como resultado de las pequeñas decisiones, limitaciones diarias y los pequeños ajustes de rumbo que usted sembró a lo largo de sus vidas. Es posible que los colaboradores que vean su ascenso nunca se hayan percatado de las veces que usted tuvo que obviar la politiquería del lugar de trabajo para mantenerse haciendo lo mejor posible todos los días. Incluso sus amigos, que asistieron a su graduación de la universidad, no apreciarán las muchas noches que usted pasó estudiando hasta tarde mientras que todos los demás aplazaban las cosas y andaban de fiesta.

> **Las pequeñas decisiones de las que nadie se percata son las que dan por resultado el gran impacto que todos deseamos.**

Si usted pudiera dar un paso hacia atrás y ver su vida, vería la importancia de cada decisión tomada, incluso las pequeñas. Muchas de nuestras decisiones cotidianas quedan invisibles, casi son automáticas como es tomar el mismo camino al trabajo todos los días, o dar un salto a los medios sociales cada vez que tengamos un momento libre. Todos los días decidimos qué ropa ponernos, dónde estacionar el auto, el horario de la próxima reunión, cómo explicar un informe, qué comer para la cena.

Los neurólogos nos dicen que la primera vez que pensamos en una decisión, nuestros cerebros comienzan a sopesar las opciones, eliminando una posibilidad tras otra hasta que decidimos hacer lo que creemos ser la mejor elección para ese momento en particular. Sin embargo, luego de un tiempo no tenemos que pensar en la mayoría de las decisiones pequeñas que tomamos; suceden sin pensarlo.

Y esto tiene sentido. Cualesquiera que sean las consecuencias que puedan tener decisiones como estas, son tan pequeñas que escasamente las sentimos. Si usted es como yo, se pondrá cualquier ropa que esté limpia y razonablemente libre de arrugas, apropiada para el trabajo, pero cómoda. Comerá el cereal que esté en la despensa (usualmente un cereal que a sus hijos no les agrada) o cualquier sobra que encuentre en el refrigerador.

Pero es muy importante entender esto: esas decisiones que no parecen tener mucha importancia con el tiempo se van sumando hasta llegar a convertirse en hábitos. Y estos hábitos tienen un efecto acumulativo. Al final alteran la historia que contamos acerca de nuestra vida. Permítame darle unos ejemplos de cosas que las personas terminan por hacer que, si las pensaran, nunca habrían decidido hacerlas:

- La mayoría de las personas que fuman nunca planearon hacerse adictos a algo que los puede matar. Solo decidieron probarlo una vez para ver si les gustaba.
- Es posible que las personas que terminaron haciendo un desfalco no fijaron como una meta a largo plazo

el robar a su empleador. Lo más probable es que comenzaran tomando un pequeño «préstamo» de la caja chica para pagar un almuerzo de vez en cuando.

• Los que tuvieron una aventura amorosa no se despertaron una mañana pensando: *A mi cónyuge no le importará que yo tenga una aventura con la chica de la oficina.* Esto comenzó cuando se quedó un rato después de una reunión porque estaba disfrutando la atención de una colaboradora del trabajo.

• Es muy probable que la mayoría de los empresarios no incluyeran la bancarrota al comenzar sus planes. Solo se sobrepasaron en el presupuesto y tomaron un riesgo sin calcularlo bien.

• Las personas adictas a calmantes no aspiraron a que las arrestaran por manejar bajo la influencia y por poseer drogas ilegales. Solo buscaban un poco de alivio de los dolores crónicos.

Es fácil observar problemas como estos y pensar: *¡Jamás haría algo semejante!* A nadie le gustaría ser *este* tipo, el que perdió su matrimonio debido a una adicción secreta a la porno. Ninguna mujer quiere que su historia incluya chismes, cleptomanía y alcoholismo. Es tentador pensar que no será posible que usted se convierta en un adicto a los cigarrillos, que desfalcará a su empleador, traicionará a su cónyuge, que gastará más de lo que su empresa presupuestó o que seguirá tomando analgésicos, aunque ya no tenga dolores.

Pero la verdad es que usted está muy cerca de tomar una decisión capaz de cambiar su vida para siempre.

Su mejor decisión es la que está a punto de hacer. En este momento.

## La vida es un examen de elección múltiple

Las buenas nuevas son que su decisión de toda una vida puede hacer más que ayudar a evitar lo negativo; puede dar inicio a lo positivo, ayudarle a conocer mejor a Jesús y tomar decisiones que honren su compromiso con Dios. Tal vez parezca algo sin importancia, pero llevar su almuerzo en una bolsa pudiera ser el comienzo de un camino que le llevaría a vivir libre de deudas y tener seguridad financiera. Aunque usted prefiera volver a casa, sentarse en el sofá, comer papitas y mirar *Doctor Who* en la tele sin parar, entrar en el gimnasio para hacer ejercicios puede añadirle años a su vida. Al hacer una llamada por teléfono o enviar un mensaje por texto a un amigo, podría hallar un salvavidas que le sacaría de la soledad que lo está hundiendo bajo las ondas de la depresión.

Tal vez haya oído un antiguo refrán: «La definición de la locura es hacer la misma cosa una y otra vez, esperando obtener resultados diferentes». Aunque sabemos que algo nos perjudica o no nos resulta bien, a menudo seguimos haciéndolo porque nos ofrece un escape o placer de corta duración. Sabemos que debemos comer mejor, más cuando intentamos perder peso o vencer problemas de salud, pero es difícil seguir tras esta gran meta cuando alguien aparece en la oficina con rosquillas frescas. La mayoría de nosotros luchamos, tratando de relacionar las decisiones menores con las diferencias grandes que queremos ver en nuestra vida.

Será bueno que usted sepa lo que creo: yo creo de todo corazón que la mejor decisión de su vida es elegir seguir y servir a Jesús. Pero esto no es una decisión que se toma una sola vez y nunca se vuelve a considerar excepto los domingos. Aunque muchas personas que invitaron a Jesús a entrar en sus vidas pueden recordar el momento de esta decisión, tenemos que seguir tomando decisiones diarias y en cada momento para negarnos a nosotros mismos y seguirle a Él.

Incluso, aunque usted no crea en Jesús como yo creo, de todas formas, tiene que tomar decisiones todos los días igual que todas las demás personas, así que espero que siga leyendo sin ideas preconcebidas.

Tal vez sea una frase trillada, pero yo creo que Jesús puede alterar el curso de su historia por toda la eternidad. Ahora bien, sé que puede estar pensando: *Jesús, bla-bla-bla, esto lo probé hace mucho tiempo.* Esto es así, especialmente si a usted lo criaron cerca a hipócritas religiosos y creyentes tibios. (Lo sé porque esta ha sido mi experiencia). Pero no estoy hablando de eso. Le quiero desafiar, quiero invitarle a ver más allá de su manera de pensar, de estar centrado en un modo de pensar «selfie» y ser muy honesto consigo mismo.

Si se siente vacío, como que siempre está buscando algo más, entonces está parado en una encrucijada de la dirección divina. Si tiene un montón de «amigos», «seguidores» y «likes», pero así y todo siente un anhelo tosco, debe saber que algo tiene que cambiar. ¿Será por eso que recogió este libro? Tal vez esto sea lo que precisamente Dios quiere para usted. Si abre su corazón, creo que Dios le guiará gentilmente, paso a paso, decisión tras decisión, tal vez no a la vida que siempre quiso, sino a la vida que Él siempre quiso para usted.

Él le ama tanto que permite que sea usted quien escoja.

> **Si abre su corazón, creo que Dios le guiará gentilmente, paso a paso.**

## La elección es suya

Al fin y al cabo, está en sus manos decidir lo que va a creer, para qué quiere vivir y qué defenderá. Creo que puedo ayudarle al darle las herramientas que necesita para tomar decisiones inspiradas por la divinidad, decisiones que enfrentará todos los días de su vida desde ahora en adelante.

No importa dónde se encuentre en su vida en este momento, la próxima decisión que alterará su vida y que enfrentará hoy es única para usted. Es posible que ya haya hecho el compromiso de confiar en Jesús para siempre, y ahora comprende que necesita tomar algunas decisiones importantes acerca de sus relaciones, si formar una familia, si cambiar de carrera o trasladarse a otra ciudad. Las ideas que le presentaré en este libro le ayudarán a pensar cómo hacer que sus decisiones sean coherentes con su fe y sus valores más sentidos.

Juntos, a lo largo de este libro, buscaremos la sabiduría de Dios para saber cómo tomar las mejores decisiones sobre siete aspectos clave de la vida. Cada una comienza con una decisión primaria que le ayudará a vivir la historia que quiere contar. Incluso más importante, cómo el tomar sus decisiones le ayudará a contar la historia que *Dios* quiere que usted cuente.

Al comenzar a tomar una decisión divina tras otra, verá que su historia toma forma, la historia que Dios quiere contar mediante su persona. Y con la ayuda de Dios podrá usar la potente libertad que Él le otorgó para transformar su vida.

Si le desagrada el rumbo en que va su vida, tengo buenas nuevas para usted: Dios puede hacer que las cosas trabajen en conjunto para su bien (ver Romanos 8.28). Él está comprometido con usted y quiere mucho más de lo que usted está dispuesto a aceptar ahora. Usted no puede alterar su pasado, pero Dios puede ayudarle a rescribir su historia y cambiar su futuro.

Él no le creó para que viviera una vida trágica, siempre luchando solo para terminar derrotado debido a algunas malas decisiones (o tal vez solo una). Al contrario, Él le hizo para que viviera plenamente, confiando en Él para redimir su dolor con su poder. Dios no está enfocado en su felicidad, sino en su búsqueda de Jesús, quien satisface su alma como nada más.

> **Dios no está enfocado en su felicidad, sino en su búsqueda de Jesús, quien satisface su alma como nada más.**

De modo que, si está listo para comenzar, la mejor decisión que puede tomar ahora mismo es pasar la página.

# 1 Comience

*O*seola sacó de un cesto la ropa mojada de la lavadora para tenderla en el patio. El sol subía lentamente y ella supo que no pasaría mucho tiempo antes que se secara. También sabía que no pasaría mucho tiempo antes que la casita se calentara como un horno, lo cual significaba que tendría que comenzar a planchar antes que la temperatura subiera más.

Colocó la tabla de planchar en el pórtico forrado con tela metálica, por la sombra y por la esperanza de captar una brisa de vez en cuando. Buscó entre la ropa limpia la camisa de vestir Oxford que llevaba el monograma con las iniciales de un banquero local. Él era un buen hombre, uno de sus mejores clientes. Ella se enorgullecía de su trabajo y siempre estaba dispuesta a hacer una diferencia en las vidas de sus clientes al ayudarlos a verse bien, luciendo camisas, pantalones y ropa fresca, inmaculadas y perfectamente planchadas.

Mientras planchaba, se sonrió al recordar una conversación que sostuvo la semana pasada con el banquero cuando este vestía la camisa azul. Había ido al banco para hacer un pequeño depósito y el banquero la saludó como si fuera de la familia. La invitó a sentarse mientras revisaba sus cuentas. Luego de un minuto le salió un silbido bajo y tendido.

—Pues, señora McCarty, ¡usted tiene más fondos en este banco que yo! ¿No piensa gastar algo de esto en sus necesidades?

Ella se sonrió mientras negaba con su cabeza, diciendo:

—No necesito nada. Dios ha sido bueno conmigo y me provee todo lo que yo pudiera desear. No, señor, estoy ahorrando ese dinero para un propósito especial que Dios ha puesto en mi corazón.

—¿Y cuál es ese propósito? —le preguntó.

El banquero esperaba como respuesta querer una casa más grande, irse en un crucero o tal vez ir de compras a Memphis o Atlanta.

—Bueno, quiero establecer un fondo para becas en la universidad a beneficio de los jóvenes que no tienen los fondos para pagar los estudios. Yo nunca pude obtener una educación, pero sí aprecio el valor de esta. Así que quiero ayudar a que algunos hombres y mujeres jóvenes tengan la oportunidad que yo nunca tuve.

*El recuerdo se desvaneció cuando ella viró la camisa y la planchó cuidadosamente con la plancha llena de vapor. Ella comenzó ahorrando monedas de uno, cinco y diez centavos, pero cuando ya era una joven ahorraba dólares completos. Trabajó como lavandera durante la mayor parte de su vida, lavando y planchando la ropa de personas a lo largo de Hattiesburg, la pequeña ciudad que fuera su hogar en el sur de Mississippi. Oseola sabía que ella era frugal por naturaleza, pero también sabía que su hábito de ahorrar un poco cada semana podría hacer una gran diferencia en las vidas de algunas personas durante mucho tiempo después que ella dejara la tierra para estar con el Señor.*

*Se sonrió un poco, satisfecha con el placer que le daba su pequeño hábito de impactar a personas que jamás conocería. Dobló una camisa azul y tarareó un viejo himno mientras la ponía a un lado y recogía la próxima.*

## 1.1 ¿Cuál es su historia?

En el principio...

Una vez...

Fue una noche oscura y tempestuosa...

Cada una de nuestras historias tiene un inicio único. La mía comenzó de manera diferente a la suya, y la suya es diferente a las de todos los demás. Pero no importa cuál haya sido el comienzo, cada uno de nosotros vive cada día la historia de su vida.

Si usted es como yo, no se detendrá a menudo para pensar en «La historia de mi vida». ¡Ya está muy ocupado viviéndola! Pero luego de reconocer el patrón de los acontecimientos en su vida, los altibajos de su historia pueden hacer una gran diferencia, tanto en su futuro como en la manera de terminarla. Porque al comprender cómo los patrones negativos pueden influir en el presente, usted tiene el poder para tomar decisiones diferentes y mejores. La reflexión es capaz de hacerle comprender con más claridad las cosas en su vida que puede o no alterar. Y esa reflexión frente a Dios puede convertirse en una guía para tomar sabias decisiones que honren a Dios a medida que sigue avanzando en la vida.

Si alguien le pidiera que contara su historia, ¿qué diría? Quizá comenzaría por decir el lugar de nacimiento y cómo le criaron. Tal vez describiría a su maestro favorito, su primer enamoramiento, su primer coche. A lo mejor incluiría la vez que anotó un gol ganador, o *la vez* que vomitó justo antes de cantar su primer solo. Quizá mencionaría una mudanza a un lugar lejano o cuando dejó su hogar para ir a la universidad. Si está casado, podría describir cómo conoció a su cónyuge. Y si no está casado, podría describir la clase de persona que desea conocer algún día. Si es padre o madre, tal vez pasaría por una colección de fotos en su teléfono o tableta para presentar a su familia. O, tal vez mencionaría el último ascenso en el trabajo o cuándo espera por fin iniciar su propio negocio.

La mayor parte de lo que le contaría a la otra persona parece bastante bien. Tal vez su historia le enorgullezca. Ha vencido obstáculos y sobrevivido algunos retos. Ha logrado algunas metas.

Por supuesto, no ha sido perfecto ni ha vivido una vida intachable, pero ¿quién lo ha hecho? Usted cumplió su cuota de errores. (El Señor sabe que todos lo hemos hecho). Acertó con algunas decisiones, y otras... pues digamos que no son tan fáciles de comentar. Ha fallado en algunos de sus juicios. Si es como la mayoría, ha hecho decisiones emotivas que ahora lamenta.

Es posible que en su historia tenga algunos capítulos que no quisiera divulgar a nadie. Pudiera tener secretos. Tal vez ha hecho cosas que desea no haberlas hecho. Sé que yo las he hecho. Aunque no estoy orgulloso de haberlas hecho, pero incontables veces he perdido los estribos y he lastimado con palabras hirientes a las personas que amo. He cedido a deseos egoístas y pecaminosos y he defraudado a Dios, a mi persona y a otros. He descuidado a mi familia al darle a la iglesia demasiado de mi corazón. Ahora dos de mis hijas ya son mujeres casadas. Daría cualquier cosa por haber tenido más tiempo en casa con ellas. Y estos solo son algunos de mis remordimientos. Tengo muchos más que prefiero no imprimir.

Tal vez usted terminó en un lugar donde jamás habría querido estar. No quería echarlo todo a perder, pero lo hizo. Tomó decisiones que le llevaron más lejos de lo que quería. Hizo cosas que le cobraron un precio mucho más alto de lo que se imaginó. Ha herido a personas. Ha violado sus valores. Ha roto promesas. Hizo cosas que ahora no puede deshacer. Ahora no puede rehacer las cosas como cuando jugaba de niño en el campo de recreo.

A veces pasa por alto estos capítulos oscuros de su vida. Otras veces embellece la historia sobre la marcha, presentando una versión que le gusta más que la verdadera. Pasa de largo las partes feas y cuenta los puntos más atractivos.

Cuando usted es sincero, sabe que la verdad acerca de su historia entreteje todas sus decisiones, algunas buenas, otras no tan buenas y otras todavía inciertas.

No obstante, a pesar de la historia que tenga, hay buenas nuevas: su historia no ha terminado. No es muy tarde para cambiar la historia que un día contará. Sin considerar lo que haya hecho (o no hecho), su futuro está sin escribir. Tiene más capítulos que agregar, más victorias que ganar, más amigos que conocer, más diferencias que hacer, más de la bondad de Dios que experimentar. Aunque el guion no esté a su gusto, con la ayuda de Dios podrá transformar su historia en una que no le dará vergüenza contar. Podrá comenzar algo nuevo.

> No es muy tarde para cambiar la historia que un día contará. Puede comenzar algo nuevo. No importa cuán desesperado, incierto, temeroso o estancado esté ahora mismo, su historia no ha terminado.

Aunque los acontecimientos pasados no se pueden alterar, sí es posible redimirlos. No importa cuán desesperado, incierto, temeroso o estancado esté ahora mismo, su historia no ha terminado. Tal vez crea que su historia es trágica, increíble, horrorosa, aburrida o cómica, pero no sabe cómo terminará. No es muy tarde para cambiar.

Su mejor decisión es la próxima que le ayudará a ser la persona que Dios quiso que usted fuera.

## 1.2 Comience donde está

La semana pasada, precisamente, hablé con un compañero que cometió un error trágico. Y le costó más de lo que jamás se hubiera imaginado. En un viaje de negocios, lejos de su familia, tomó un par de tragos durante la cena con un cliente. Después, en lugar de regresar a su cuarto del hotel, decidió volver al bar para tomar otro vaso de cerveza. Pero un vaso se convirtió en dos y los dos se convirtieron en demasiados. Se sintió un poco ebrio y extrañamente aventurero y comenzó a hablar con una mujer que estaba tomando a solas. Estoy seguro que ya usted se imagina lo que sucedió a continuación.

Mi quebrantado amigo me miraba con ojos sin vida mientras me decía: «Tú sabes que amo a mi esposa. Tú lo sabes». Su cabeza se inclinó entre sus manos. «¿Cómo pude ser tan estúpido? Cometí un solo error. Un error estúpido, y ahora voy a perder todo que quiero».

He oído que los dos errores más grandes que se pueden cometer en la vida son: no comenzar y no terminar. Si usted es como la mayoría, tiene buenas intenciones de comenzar nuevos hábitos. Me apuesto con seguridad que no siguió muchas de estas intenciones. Y hasta es probable que no terminara las que *comenzó*. Yo sé cómo es eso. Comienza el remordimiento, y no se siente exitoso. No se siente disciplinado. A veces se siente como un fracasado.

Es obvio que no puede volver al pasado y comenzar de nuevo su vida. Sin embargo, hay algo que *sí* puede hacer, y lo puede hacer hoy mismo: puede comenzar una nueva disciplina que le dará un nuevo final y mejorará su historia. No importa el día que escoja, podrá comenzar algo nuevo y permitirá que Dios (el autor y consumador de su fe) le ayude a completar lo que Él le llamó a comenzar.

He notado que muchos creen que una vida de éxito se logra tomando unas pocas decisiones grandes. Comenzar un negocio nuevo. Mudarse a una nueva ciudad. Inventar una nueva línea de productos. Escribir el guion de una película. Las decisiones grandes son importantes, pero una vida significante no es el resultado de unas pocas decisiones grandes. Se edifican al amontonar centenares de decisiones pequeñas. Vincent Van Gogh lo recalcó cuando dijo: «Las cosas grandes se logran mediante un conjunto de cosas pequeñas».

**No importa el día que escoja, podrá comenzar algo nuevo y permitirá que Dios (el autor y consumador de su fe) le ayude a completar lo que Él le llamó a comenzar.**

¿Recuerda la historia que conté al inicio de este capítulo? Oseola McCarty dejó la escuela a temprana edad y la mayor parte de su vida la pasó lavando la ropa de otras personas en Hattiesburg, Mississippi. Como una mujer afroamericana sin educación, criada antes del movimiento de los derechos civiles, tuvo pocas oportunidades para avanzar. Su vida fue increíblemente difícil. Sin embargo, saboreó cada día, trabajó duro y amó al Señor. Durante su vida ahorró más de $150,000 que donó para crear un fondo de becas para los estudiantes necesitados en la Universidad de Southern Mississippi. La historia de la señorita McCarty comprueba que el resultado de comenzar algo pequeño puede dar por resultado una gran diferencia positiva en las vidas de muchas personas. Su ejemplo muestra que una gran vida se edifica sobre sabias disciplinas y decisiones pequeñas.

En este capítulo vamos a permitir, en un espíritu de oración, que Jesús nos muestre lo que necesitamos comenzar para terminar bien. Nos enfocaremos específicamente en disciplinas y hábitos transformadores. No le voy a pedir que piense en seguir sus sueños o que comience una nueva misión en su vida. No quiero que considere comenzar un negocio nuevo, escribir un libro o lanzar un ministerio. Veremos esta clase de decisión en el capítulo 4. Vamos a comenzar en pequeño. Pero no se desanime. La mayoría de los grandes ministerios comenzaron en pequeño. La mayoría de los grandes negocios tuvieron un comienzo humilde. Incluso los mejores matrimonios, por lo general, comenzaron con un simple hola. En la Biblia, Zacarías dijo: «No menosprecien estos modestos comienzos» (Zacarías 4.10, NTV).

Si trata de concentrarse en el último capítulo de su historia, es probable que se encuentre demasiado paralizado como para escribir la primera página. Si trata de imaginar el fin, parecería demasiado grande, distante, ideal, así que no sabrá cómo comenzar. El sueño será eso mismo: solo un sueño. Por eso vamos a dar solamente un pequeño paso hacia la dirección del sueño.

Digamos que usted quiere relatar la historia sobre la carrera de un maratón. ¿Podrá salir hoy y correrlo? A no ser que haya estado entrenándose durante meses, la respuesta es no. Pero sí puede comenzar a correr despacio (o incluso caminar) veinte minutos al día. Ese será un pequeño paso hacia el final de su historia. Si quiere predicar a miles de personas, ¿puede hacerlo hoy? Es poco probable. Pero ¿puede escribir un mensaje a la semana para familiarizarse con la Biblia? ¡Por supuesto que sí! Si quisiera producir una película importante, ¿lo puede hacer antes de las Navidades? De ninguna manera. Pero sí puede comenzar, haciendo películas cortas con la cámara que tiene o que le presten. Puede escribir por lo menos unas pocas líneas de su historia.

Me gusta decirlo de esta manera: *haré* hoy algo que me capacitará para hacer mañana lo que no puedo hacer hoy. La Madre Teresa nos recuerda ser «fiel en las cosas pequeñas porque en estas están tus fuerzas».

> **Cada decisión que tome, por pequeña que parezca ser, podrá tener un tremendo impacto.**

## 1.3 Dar vueltas

Las disciplinas positivas en la vida de una persona por lo general preparan el camino para un millar de otras disciplinas positivas. Ciertos hábitos buenos crean otros hábitos buenos. Lo opuesto también es cierto. La ausencia de hábitos estratégicos genera malos hábitos. Una vida indisciplinada nunca lleva a la productividad ni al progreso. Si usted no fija las disciplinas correctas en su lugar, un día se encontrará contando una historia que jamás habría querido relatar.

- Estuve planeando hacerlo, pero nunca lo hice.
- Debí haberlo probado, pero ahora es demasiado tarde.
- Nunca pensé terminar aquí. Ojalá pudiera comenzar de nuevo.
- Por lo menos, ¿por qué no lo intenté? Ahora mire a donde estoy en la vida.

En enclaves de liderazgo y en el libro *Desde ahora en adelante* he enseñado lo que llamo el principio de la limpieza con hilo dental. Para el deleite de los higienistas por donde quiera que voy, le digo a la gente que no deje de limpiarse los dientes con hilo dental. Luego explico cómo esta higiene es una disciplina esencial en mi vida. Limpiarse con hilo dental tal vez no sea tan importante para usted como lo es para mí, aunque mi mensaje no es en cuanto a mi deseo de que usted disfrute encías saludables. Claro que lo quiero, pero lo que intento decir es que todos debemos desarrollar y mantener hábitos saludables porque estos desencadenan otros hábitos saludables. Mientras que, por el contrario, su ausencia desencadena comportamientos equivocados.

> Una vida indisciplinada nunca lleva a la productividad ni al progreso.

¿Por qué limpiarme los dientes con hilo dental es tan importante para mí? Porque es la disciplina más fácil de abandonar. Nunca me ha agradado (tal vez sea porque detesto que me digan que *tengo* que hacer algo). Una vez mi dentista me citó mi propia enseñanza: «Craig, las decisiones que tomes hoy determinarán la historia que contarás mañana. ¿Qué historia quieres contar? ¿Una con todos tus dientes o una con encías podridas y tus dientes cayéndose?».

No podía discutir con él porque estaba usando mis propias palabras en mi contra y, además, porque tenía un instrumento agudo en mi boca. Pero aquella misma noche comencé el hábito de limpiar mis dientes con el hilo dental. Todavía no me deleita hacerlo. Cuando estoy cansado, me gustaría cepillarme los dientes y tirarme en la cama. ¿Qué mal haría? Pero no limpiarme con hilo dental les abre la puerta a otros problemas.

Cuando me obligo a limpiarme la boca con hilo dental, aunque no quiera hacerlo, me siento disciplinado. Y como me siento disciplinado sigo con mi plan de ejercicios. Cuando hago mis ejercicios, como mejor. También duermo mejor. Y cuando duermo bien, me levanto temprano y leo la Biblia antes de salir para el trabajo. Entonces voy al trabajo con una actitud positiva y soy más productivo. La gente aplaude mi buen trabajo, así que vuelvo a casa con un buen estado de ánimo y beso a mi esposa. Y por eso tenemos seis hijos.

Por otra parte, si no me limpio con hilo dental, no me siento disciplinado. Si rompo el ímpetu de mi disciplina, también estoy tentado a abandonar otros hábitos. Ya que no me limpié la boca con hilo dental, estoy más propenso a pasar por alto una sesión de ejercicios, lo cual me ayuda a excusar más consumo de comida chatarra. Estos hábitos perezosos y negligentes me obsesionan de noche y entonces no duermo bien. Doy vueltas en la cama y me despierto cansado, gruñón e incluso más apático que nunca. Como no me siento bien, paso por alto mi estudio bíblico, cayendo todavía más profundo en el hoyo que me he cavado. Cuando estoy en el trabajo, no tengo una buena actitud y por consecuencia no soy tan productivo y me distraigo con más facilidad. Ya que no me concentro como de costumbre, tengo que trabajar hasta tarde para acabarlo todo. Como sé que Amy no se iba a sentir feliz por mi tardanza para llegar a casa, manejé rápido por los caminos vecinales y en eso la policía, que estaba esperando pacientemente por choferes como yo que manejan con exceso de velocidad, me detuvo. No quería una multa por exceso de velocidad, así que traté de evadirlo, pero como resultado de esto me encontré con otros cuatro policías que hicieron una barrera en la calle y me detuvieron solo a una cuadra de mi casa. Entonces apareció una foto de arresto en el noticiero de las diez de la noche y yo pasé una noche en la cárcel —todo por no limpiar mis dientes con el hilo dental.

Bueno, tal vez exagero. Un poco. Pero usted tiene que estar de acuerdo en que ciertas disciplinas dan por resultado otras acciones positivas.

Y el camino hacia la disciplina comienza con sus decisiones cotidianas.

## 1.4 Éxito repentino

Detrás de cada gran historia siempre hay otra historia. Pocas veces llega el éxito antes que pase tiempo, disciplina y mucho trabajo arduo. Los exitosos a menudo repiten el chiste de haber pasado años antes de convertirse en un éxito repentino. Lo que muchos no entienden es que las cosas que nadie ve son las que producen los resultados que todos desean. Lo que eventualmente nos da éxito es la fidelidad en esmerarnos para hacer las cosas comunes, desarrollar hábitos productivos y permanecer fieles.

> Lo que produce los resultados que todos desean son las cosas que nadie ve.

El profeta Daniel, en el Antiguo Testamento, fue un gran ejemplo de esto. Ya sea que usted conozca mucho o poco de Daniel, al escuchar el nombre es probable que piense: *Ah sí... Daniel en el foso de los leones.* Todo niño que alguna vez asistió a la Escuela Dominical o a la Escuela Bíblica Vacacional ha escuchado la asombrosa historia de la supervivencia de Daniel en una cueva llena de leones hambrientos.

Permítame refrescar su memoria antes de volver a la parte que muchos pasan por alto. El rey Darío era el monarca de Persia. A medida que su reino crecía, nombró a 120 sátrapas (similar en la actualidad a los gobernadores de estados o provincias) para que manejaran los asuntos regionales y ayudaran a gobernar al pueblo. El rey nombró tres administradores para que supervisaran a los 120 sátrapas. Daniel era uno de estos líderes escogidos. Al pasar el tiempo y por servir constantemente al rey con un espíritu excelente, Daniel sobresalió entre los demás sátrapas y administradores. Con el tiempo, el rey decidió darle a Daniel el liderazgo de todo el reino.

Así que Daniel tuvo un éxito repentino, ¿verdad? En realidad, nada de eso está más lejos de la verdad. No olvide que hay una historia detrás de cada historia. ¿Por qué Daniel tuvo tanto éxito? ¿Por qué resultó ser el favorecido por encima de los demás? ¿Por qué ganó tanto respeto del rey? ¿Por qué el rey lo ascendió con tanta rapidez y creyó tanto en su liderazgo? ¿Por qué Dios miró con favor a Daniel? ¿Por qué Dios cerró las bocas de los leones carnívoros?

Hallamos las respuestas en una parte de la historia de Daniel que muchos pasan por alto. El favor divino fue el resultado de una pequeña decisión que tomó en un punto de su vida. No sabemos cuándo Daniel tomó esta decisión ni por qué. No sabemos si otro le ayudó a tomarla o si la tomó por su cuenta. Todo lo que sabemos es que Daniel tomó una decisión, iniciando un hábito que cambió su historia.

Como es de esperar, los demás líderes se pusieron celosos y furiosos en contra de Daniel. La historia continúa diciendo: «Entonces los administradores y los sátrapas empezaron a buscar algún motivo para acusar a Daniel de malos manejos en los negocios del reino. Sin embargo, no encontraron de qué acusarlo porque, lejos de ser corrupto o negligente, Daniel era un hombre digno de confianza. Por eso concluyeron: "Nunca encontraremos nada de qué acusar a Daniel, a no ser algo relacionado con la ley de su Dios"» (Daniel 6.4, 5).

Pasemos un momento considerando algunas de las grandes cualidades de nuestro héroe, Daniel. Aunque los otros tipos hicieron todo lo posible por encontrarle algún fallo a Daniel, no encontraron nada. Daniel era honesto, de confianza y responsable en todo lo que emprendía. Era precisamente la clase de persona que el rey quería ascender. De modo que los oponentes decidieron que para encontrar algo digno de castigo solo había una manera de atrapar a Daniel. Tuvieron que ingeniar un plan que involucraba su fe en Dios. Sabían que no haría nada malo, así que tendrían que acorralarlo en un rincón espiritual.

«Formaron entonces los administradores y sátrapas una comisión para ir a hablar con el rey, y estando en su presencia le dijeron: "¡Que viva para siempre Su Majestad, el rey Darío! Nosotros los administradores reales, junto con los prefectos, sátrapas, consejeros y gobernadores, convenimos en que Su Majestad debiera emitir y confirmar un decreto que exija que, durante los próximos treinta días, sea arrojado al foso de los leones todo el que adore a cualquier dios u hombre que no sea Su Majestad"» (vv. 6, 7). Al parecer, al rey le gustó el plan porque estaba de acuerdo con lo propuesto. Durante un mes nadie podría orarle a alguien que no fuera el rey. Así que activaron el plan para atrapar a Daniel.

Cuando Daniel se enteró de la restricción de las oraciones durante treinta días, hizo lo mismo que había estado haciendo tres veces al día durante meses, tal vez años, posiblemente décadas. Daniel fue a su casa y oró a Dios.

Como resultado lo arrestaron, y Daniel tuvo que enfrentarse a los potentados y probar que, para él, Dios era único e incomparable. Deténgase y piense durante un minuto. No es solo que Daniel no temiera a los leones o que tuviera una especie de valentía superinaccesible que los meramente mortales no pudieran esperar para obtenerla. No, mucho antes Daniel había comenzado una práctica constante en su vida que le ayudó a enfrentar esta situación imposible. Tal vez la oración parecería insignificante para otros, pero para Daniel fue una disciplina que formó su historia.

No sabemos cuántos años pasó Daniel practicando este hábito, pero todos los días, tres veces al día, Daniel se detenía para mirar el cielo. Él adoraba a Dios. Él alineó su corazón con el corazón de Dios. Él buscaba que Dios hiciera su voluntad por medio de su vida. Gracias a este constante enfoque en la oración, creció como un seguidor de Dios, una persona y un líder.

Daniel no fue un éxito repentino. Sobresalió porque fielmente se arrodillaba delante del único y verdadero Rey. Esta pequeña disciplina de oración diaria lo preparó para enfrentar aquella grande y temerosa prueba con unos leones hambrientos, es decir, los colegas que intentaban destruirle tanto como los grandes gatos en la cueva. Comenzar con algo pequeño y después continuarlo fielmente enriqueció su historia hasta el punto que se ha estado contando durante miles de años y todavía se sigue contando.

## 1.5 Autor y consumador

¿Cómo comenzará algo que le ayude a confrontar los leones de su vida? La mejor manera de encontrar un armazón que tenga sentido para su historia es ir tras una perspectiva eterna. ¿Qué historia cree que Dios quiere que usted cuente acerca de su vida? Al mirar el futuro, ¿dónde cree que Dios quiere que usted esté? ¿Qué quiere Dios que usted desee? Por ahora no se preocupe en cuanto a la distancia entre usted y el final de su historia. Pero si cree saber lo que su futuro debe ser, entonces tendrá algún sentido de dirección sobre adónde necesita dirigirse.

Lo más probable es que ahora mismo usted esté pensando en algo que sabe que a Dios le encantaría incluir en su historia. Tal vez esté atrapado con sus finanzas, pero sabe que honrará a Dios contar la historia de cómo escapó de la esclavitud de la deuda para convertirse en una bendición para otros. Si el ejemplo de Oseola McCarty le inspira, quizá pueda cambiar su historia a algo semejante a esto:

*Hace unos años estuve hundido en las deudas. Pero un día decidí comenzar un presupuesto (tomar una clase, leer un libro o lo que sea). No fue fácil, pero empecé por pagar el total de la primera tarjeta de crédito y luego de la otra. Al poco tiempo pagué mi auto y después los préstamos de estudio. Hoy estoy libre de deudas, excepto la casa, aunque ya estoy en camino de pagar la hipoteca dentro de cuatro años. Yo no solo diezmo, mi libertad financiera me permite agregar ofrendas generosas cada vez que siento que el Espíritu de Dios me lo indica.*

O tal vez su historia tenga que ver con un cambio de prioridades. Usted sabe si la historia que ahora cuenta está apartada de la senda. Pero si permite que Dios le ayude a escribirla, un día podría ser como la siguiente:

*Hace años estuve tan metido en mi carrera que perdí lo que más me importa en la vida. Creía estarle ofreciendo una mejor vida a mi familia, pero en realidad estuve persiguiendo sueños egoístas y descuidando a los que más quería. Así que decidí llegar a casa todas las noches a las seis de la tarde (o dejar de llevar trabajo a la casa o cambiar carreras o hacer lo que fuera). Ahora mi matrimonio está mejor que nunca. Durante más de dos años no he perdido un recital de baile ni un juego de pelota de mis hijos. Así es como debe ser la vida. Ahora quiero trabajar para vivir, y no vivir para trabajar.*

Es posible que usted sepa que no está cuidando debidamente a su cuerpo, que es el templo del Espíritu de Dios. No come bien. Pocas veces hace ejercicio. A menudo siente estrés. Sabe que Dios quiere algo diferente para usted, así que decidió cambiar su historia. Un día su historia pudiera ser algo como esto:

*Cuando reconocí que no estaba honrando a Dios con mi cuerpo, decidí comenzar a hacer ejercicios físicos todos los días (o contratar a un entrenador, comenzar una dieta o una caminata diaria, o lo que sea). Sé que es difícil creerlo, pero antes pesaba unos quince kilos más que ahora. Ahora me siento mejor que nunca.*

Tal vez tiene una familia cristiana, pero usted no está creciendo en su fe ni está marcando una diferencia en este mundo. Usted sabe que Dios quiere más de su corazón. Su historia pudiera ser como la siguiente:

*Hace algunos años creíamos en Dios, pero no lo conocíamos íntimamente ni tampoco le servíamos con pasión. Un día decidimos hacer de Dios la prioridad de la familia. Nos comprometimos a asistir a la iglesia (o unirnos a un grupo pequeño, o leer la Biblia juntos, o involucrarnos en un ministerio, o lo que sea). Ahora nuestra familia está haciendo todo lo posible por glorificar a Cristo en todo que hacemos. Nuestros hijos son audaces en su fe. Participamos mucho en la iglesia. Y sabemos que estamos marcando una diferencia porque servimos cada semana en un ministerio local de alcance. Ya no solo creemos en Dios, sino que nuestras vidas se centran en servirle a Él.*

Considere lo que pudiera pasar si esta noche recordara limpiar sus dientes con hilo dental, o hacer ejercicios mañana por la mañana, o asistir a la iglesia este domingo, o pasar un tiempo especial con alguien que quiere. Tomar hoy una pequeña decisión pudiera cambiar su futuro cercano. No siempre se requiere mucho tiempo para ver grandes diferencias en su vida. ¿Cuál es la historia que cree que Dios quiere que usted cuente de aquí a cinco o diez años?

¿Qué quiere Dios que usted desee? Anote sus pensamientos sobre lo que cree que Dios quiere para su futuro. No tiene que ser perfecto. Todavía usted no tiene que comprometerse con lo que escriba. Solo escriba en un papel los pensamientos que se le ocurran.

## 1.6 Solo una cosa

Después de tener un sentido de lo que Dios quiere que usted quiera, ¿dónde empezar? ¿Qué disciplina necesita comenzar a practicar para dirigirse hacia donde Dios quiere que usted llegue? Solo una cosa. Estará tentado a seleccionar tres, cuatro o incluso diez cosas, pero no lo haga. Elija cualquiera de estas cosas, pero que solo sea una. Es así porque si elige más de una, es probable que no logre ninguna. Pero si elige una, podrá comenzar definitivamente a escribir la historia que Dios quiere que usted escriba.

Durante la mayor parte de mi vida adulta he comenzado una disciplina nueva cada año. Algunas solo eran pequeñas cosas en el día o la semana, otras implicaban un trabajo arduo. Aunque es posible que esto no parezca un gran cambio, luego de cinco años agregué cinco nuevas disciplinas a mi vida. Al pasar una década, he agregado diez. Y cada una está sellada. Aunque estoy muy lejos de ser perfecto, mi vida es más rica y la disfruto mejor. Mi historia está más cerca a lo que Dios quiere que sea. Imagínese cuán diferente sería su historia si durante los próximos diez años usted agregara a su vida diez disciplinas centradas en Dios.

Déjeme contarle acerca de algunas disciplinas que he comenzado en el transcurso de los años y cómo han cambiado mi historia. Me crie en un hogar modesto, de clase media. Nunca nos privamos de lo básico, pero tampoco nos sobraba mucho con qué ayudar a otros. Decidí que yo quería tener flexibilidad financiera para que nuestra familia pudiera ser generosa con los demás. Así que cuando tenía alrededor de veinte años aparté por primera vez el diez por ciento de mis ingresos para dárselo a Dios y otro diez por ciento para invertir.

Mes tras mes puse a Dios en primer lugar y la inversión de mi futuro en segundo. En muchas ocasiones esta disciplina fue muy difícil, pero nunca flaqueé. Invertir un diez por ciento no parece ser demasiado, especialmente cuando las entradas son pocas, y así eran las mías. Pero con el tiempo, la constancia y los intereses compuestos hicieron una diferencia. Mis inversiones mensuales se amontonaron bastante. Ahora podemos vivir con una fracción de nuestras entradas, libres de deudas y ofrendando con liberalidad. Todo debido a apartar un porcentaje desde temprano en mi vida. Mi historia es diferente debido a esta pequeña disciplina.

Al iniciar el ministerio me pareció que las horas de trabajo para la iglesia eran agotadoras. No importaba cuánto hacía, siempre pensaba que era posible llamar y visitar a más personas, preparar más voluntarios y estudiar más para preparar un mensaje. Estaba convencido de que estaba demasiado ocupado como para cuidar de mi persona, así que descarté definitivamente el hacer ejercicios. Entonces un mentor de confianza me dijo que yo no estaba demasiado ocupado como para *dejar* de hacer los ejercicios. Mi mentor me explicó de una manera compasiva: «Si no te cuidas, serás de poco valor para los demás». Así que decidí comenzar a hacer ejercicios. Seleccioné a un amigo que me acompañara en esto. Veinte años más tarde sigo haciendo ejercicios con el mismo amigo y estoy en buena forma.

Como muchos que conozco, siempre he luchado con mi tendencia de trabajar más de lo que debo. Aunque nuestros compañeros de trabajo nos pudieran aplaudir, en la casa todos estarían descontentos. Hace años le dije a mi hija que estaría en casa más tarde para darle un beso de buenas noches. Me miró con inocencia y me dijo: «Papá, esta no es tu casa. Tú vives en la oficina». Luego de esto decidí buscar asesoramiento para controlar mi tendencia a la adicción al trabajo. Cambié, con la ayuda de un buen consejero. Alguna vez, cuando mis hijos cuenten sus historias, seré partícipe de estas porque elegí limitar mi trabajo a cambio de concentrarme en lo que era más importante. Esta es una parte de mi historia que nunca lamentaré.

Solo dos años después de ser cristiano comencé a trabajar en el ministerio de la iglesia a tiempo completo. No conocía bien la Biblia. Me sentía muy inseguro, y constantemente me preocupaba que la escasez de mis conocimientos pudiera impedirme ayudar a las personas debidamente, y hasta llegara a deshonrar a Dios. Decidí leer toda la Biblia cada año. No recuerdo desde cuándo comencé a hacer esto. Ahora bien, no soy un erudito bíblico, pero conozco la Biblia cien veces mejor que si nunca hubiera comenzado esta disciplina.

Gracias a Dios tuve la bendición de lograr un buen matrimonio desde el mismo principio. Todos mis amigos saben que me casé con alguien superior a mí, *muy superior*. Y aunque siempre estuvimos unidos, un día Amy me dijo que quería más intimidad espiritual. Gracias a su estímulo, decidí que comenzaríamos a orar juntos como pareja. (Créalo o no, esto no fue fácil para mí, ¡y soy pastor!) Pero esta sola disciplina hizo algo mejor de nuestro buen matrimonio. Le asombrará notar cuánto Dios puede transformar su matrimonio cuando ambos lo buscan diariamente.

Me gustaría contarle solo «una cosa» más. Hace unos años noté que mi ministerio, más que en un gozo, se había convertido en una prueba. Sentía que estaba haciendo el trabajo con mis fuerzas y que no dependía de Dios como debía. Decidí consagrarle a Él los primeros veintiún días de cada año nuevo, negándome mis alimentos normales, ayunando y buscando a Dios. Al principio esto no solo fue difícil, sino una tremenda carga. Pero no tengo palabras para explicar cuán real sentí la presencia de Dios en este proceso. Durante los últimos años todo el personal de la iglesia se ha unido a mí, junto con muchas de las personas que asisten a la iglesia, en la búsqueda de Dios mediante un ayuno cada enero. Más que solo mi historia, la historia de toda la iglesia es diferente porque decidimos ayunar juntos.

Desde que comencé a buscar a Dios mediante el ayuno, puedo sentir su voz con más claridad. Su Palabra ha cobrado más vida que antes. El ayuno constante hasta me revela cosas en mi vida que necesitan limpieza. A veces es difícil para mí estar al tanto de todos mis sentimientos, todo lo que aprendo cada día y todas las preguntas que se me ocurren y que me gustaría preguntarle a Dios. Así que este año comencé un diario. Conozco a muchos que comenzaron un diario solo para luego desistir. Esto no me sucederá a mí. ¿Cómo lo sé? Porque lo mantengo muy sencillo. Me he comprometido a escribir una oración al día. Eso es todo. Solamente una oración. Hasta ahora he descubierto que una oración puede convertirse rápidamente en dos que a menudo terminan convirtiéndose en varios párrafos. Pero esta no es la meta que me había fijado. Al poner una meta alcanzable, entro en el proceso de crear otra disciplina que me ayuda a dar forma al cuento que estoy contando.

Todas estas «solo una cosa» se convirtieron en parte de mi historia. No permita que este pensamiento le abrume. Los cambios grandes son posibles, pero normalmente no suceden de un día al otro. Recuerde, solo tome una decisión para comenzar el año. Usted lo puede hacer. Sé que lo puede hacer con la ayuda de Dios.

Mientras escribo esto, no puedo evitar reflexionar en mis decisiones. ¿Cuán diferente habría sido mi vida si nunca hubiera decidido comenzar estas disciplinas? ¿Qué si no hubiera invertido? Pudiera estar viviendo al día, dependiendo del pago que recibiera. ¿Qué de no haber hecho del ejercicio una prioridad? Yo podría estar mal, o peor, físicamente. ¿Qué me habría podido pasar de no haber buscado consejería para mi problema de trabajar demasiado? ¿Estaría mi familia destrozada? ¿Qué si Amy y yo no hubiéramos orado juntos? ¿Nos hubiéramos alejado el uno del otro paulatinamente? ¿O peor? ¿Qué de no haber hecho de la lectura de la Palabra de Dios una prioridad diaria? Quién sabe lo que hubiera hecho para destruir mi vida.

¿Qué de no haber ayunado? ¿Estaría todavía ministrando basado en mis propios esfuerzos, y así haber limitado lo que Dios quería hacer en mí y mediante mi ser?

## 1.7 ¡Preparados, listos, comiencen ya!

En el Antiguo Testamento hay una interesante historia acerca de uno de los líderes de Israel, el rey Acab. Un profeta explicó que Dios cambiaría la historia de Israel al entregar el ejército del enemigo en manos de los israelitas. Acab no podía visualizar esto y preguntó:

«—¿Por medio de quién lo hará?

»—Así dice el Señor —respondió el profeta—: "Lo haré por medio de los cadetes".

»—¿Y quién iniciará el combate? —insistió Acab.

»—Tú mismo —respondió el profeta» (1 Reyes 20.14).

Considere la segunda pregunta del rey: «¿Y quién iniciará el combate?» El profeta osadamente respondió: «Tú mismo». Si queremos ver lo que Dios logrará, tenemos que acercarnos a Él.

Dios lo terminará, pero usted tiene que comenzarlo.

Así que, ¿cuál es su única cosa? ¿Qué disciplina necesita comenzar para poder escribir la historia que Dios quiere que usted escriba?

Tal vez sepa que necesita crecer espiritualmente. No se quede pensando y sintiéndose mal en cuanto a esto. Haga algo. Quizá necesite comprometerse a adorar en la iglesia todas las semanas. O a lo mejor necesita decidir leer toda la Biblia cada año. O tal vez pueda unirse a un grupo pequeño o comenzar a servir en su iglesia como voluntario en un grupo misionero local.

¿Necesita crecer como líder? ¿Mejorar como madre? ¿Crecer como cónyuge? Quizá deba comenzar a aprender de un mentor o comenzar a orar diariamente acerca de su necesidad o empezar a leer un artículo a la semana acerca de algo en lo que quiere mejorar.

Posiblemente necesite controlar sus finanzas. Está harto de nadar en las deudas, cansado de preocuparse por el dinero. A lo mejor es hora de asistir a una clase de Dave Ramsey, o conseguir ayuda para crear un presupuesto o comenzar a dar para romper su concentración en abastecerse.

Si su matrimonio no es como debe ser, ¿qué necesita comenzar para cambiar la historia de su matrimonio? Tal vez sea hora de empezar a orar juntos diariamente, o leer la Biblia juntos o simplemente salir juntos una vez a la semana, sin los hijos.

¿Cuál es esa única cosa que necesita comenzar?

Este es un buen momento para descubrir lo que necesita comenzar. Camine hasta el escritorio, busque una pluma y un papel para anotar sus pensamientos. No piense demasiado. Pero sí dedique un momento o dos para escribirlos en un papel. Solo una oración o dos.

Si tiene muchas ideas y no sabe con seguridad por dónde comenzar, le voy a ayudar a decidir. Tome nota de la hora, mirando un teléfono móvil o un reloj. ¿Lo hizo? Bien. Ahora tiene veinticuatro horas para decidir una sola cosa.

Piénselo.

Ore acerca de esto.

Hable acerca de esto.

Consulte con la almohada.

Piénselo brevemente mañana por la mañana y entonces haga su compromiso. No necesita semanas para decidir cuál será esa sola cosa. Mañana, a esta hora, tomará su decisión. Y al igual que la decisión de orar que tomó Daniel fue el comienzo de la historia futura que él contaría, usted también comenzará a escribir la historia que Dios desea que usted cuente.

No se conforme pensando: *Esto es una gran idea, Craig. Suena muy bien. Lo intentaré algún día.* Y luego lo aplazará.

No hay un momento mejor para escribir su historia futura que ahora mismo. El famoso y muy prolífico Walt Disney dijo: «La manera de comenzar es dejar de hablar y comenzar a hacer». Hoy es un mejor día para comenzar que mañana. Si no comienza ahora, de aquí a un año estará deseando haberlo hecho.

> **No hay un mejor momento que este para comenzar a escribir su historia futura.**

¿Quién lo iniciará?

*Usted mismo.*

Hoy comenzará una disciplina que cambiará su historia para siempre.

Comience donde esté.

Tome el primer paso.

Nada más que un paso.

# 2 Deténgase

*Pare. Reviva. Sobreviva.*

—MELINA MACHETTA

*E*ra inteligente. *Sabía que Dios le había bendecido con un don para ganar dinero. También sabía que debía sentirse más feliz de lo que se sentía la mayoría de sus días. Después de todo, ahora estaba ganando $250.000 al año, su patrimonio neto sumaba más de un millón de dólares y todavía tenía menos de treinta años. Estaba profundamente enamorado de su hermosa esposa, una mujer que creía en él y apoyaba los riesgos inteligentes que él tomaba en bienes raíces. Era un titulado universitario, un miembro activo de una gran iglesia y un respetado empresario joven. Él y su esposa esperaban comenzar a tener hijos pronto y ya estaban planeando la casa de sus sueños.*

¿Qué si a veces hacía tratos que bordeaban los límites éticos y legales? Nada de lo que hacía era ilegal, corrupto o, según sabía, no bíblico. No hacía más que entrar en el juego, hacer negocios de la misma manera que veía a todos los demás hacerlos. Si encontraba grandes propiedades que garantizaban una ganancia de dinero y su banco estaba dispuesto a ofrecerle un préstamo para la compra, él pensaba que estaba viviendo el sueño norteamericano.

Entonces, un día, un amigo del banco lo llamó con malas noticias. El banco se había fusionado con otro banco y los nuevos oficiales estaban examinando las prácticas de préstamos y los préstamos a los clientes. Estaban planeando ponerles fin a todos sus préstamos a corto plazo. Una sola llamada y ya estaba hundido.

Efectivamente, no pasó mucho tiempo antes que el banco le exigiera un pago inmediato de más de un millón de dólares.

Frenético, rogó una extensión, pero pronto quedó claro que lo estaban obligando a declararse en bancarrota. Todos sus esfuerzos se habían hundido, todo para nada.

Parecía que su historia había terminado poco después de comenzar.

Pero él se negó a dejar que la bancarrota matara su sueño. Sabía que, si alguna vez iba a tener éxito, tendría que poner fin a sus prácticas empresariales que lo atascaron en problemas. Aunque no eran ilegales ni dejaban de ser éticas, comprendió que tampoco ejercía una sana mayordomía de los bienes. La mayordomía era un término que había escuchado repetidas veces en la iglesia y que solamente ahora estaba comenzando a entender.

*Así que trabajó con ahínco. Estudió cada recurso financiero que podía encontrar. Buscó personas con mucho dinero que le preguntaban acerca de sus hábitos. Investigó bancos, préstamos, prácticas de crédito, leyes estatales y federales y especialmente lo que estaba comenzando a considerar la autoridad máxima en todos los temas, la Biblia.*

*Pronto escuchó el llamado de Dios para volver a los negocios, incluso negocios de bienes raíces, pero esta vez con una diferencia crucial: sabía que Dios quería que él ayudara a otros a entender los principios que ya él había estado aceptando y que enseñara acerca de la verdadera mayordomía.*

*Entonces comenzó a vivir la historia que deseaba contar acerca de su vida, la que sabía que Dios quería que él contara. La crisis financiera no solo lo obligó a cambiar sus metas y prácticas en los negocios, sino que también decidió poner fin a los hábitos que lo llevaban a esas prácticas. Realizó su deseo de ser un buen mayordomo, no solo del dinero, sino de todo lo que Dios le había confiado.*

## 2.1 Arriba en el techo

No importa cuán viejos seamos, a menudo la sabiduría cuelga del balance entre una buena decisión y un desastroso desliz resbaladizo. En mi caso, a menudo esto es literalmente cierto. O por lo menos lo fue recientemente cuando dañé mi pie en un juego salvaje de balompié bajo techo. Un momento después que sucediera escasamente podía caminar. El médico me dio una bota pesada y fea que tuve que usar mientras mi pie se curaba. Era una especia de «UGG» para hombres.

Fui un paciente responsable hasta el momento en que recordé que todavía teníamos puestas las luces de Navidad en nuestra casa. Y ya que casi era el día de los enamorados y yo no quería ser el tipo que deja las luces de Navidad puestas todo el año, decidí que tenía que bajarlas en ese mismo momento.

De modo que hice lo que haría cualquier adulto responsable con una sola pierna buena: saqué del garaje mi escalera de extensión y fui cojeando con la escalera hasta el costado de la casa. Necesitaba una cómplice que no hiciera demasiadas preguntas, así que recluté a la persona más calificada de mi familia: Joy, que tenía nueve años.

Lo que debía haber sido un trabajo sin complicaciones de una hora se aumentó a dos. No obstante, me sentía bastante bien en cuanto al progreso hasta que recordé la retahíla de luces que subían por el lado del garaje hasta el piso de arriba donde el techo está más empinado. Incluso en circunstancias ideales este escenario inspiraría las famosas últimas palabras: «¡No me parecía que estuvieran tan altas!».

Pero faltaba tan poco para terminar que juré acabar y logré arrastrarme hasta el techo. Entonces me arrastré boca abajo hasta la cima de esta vertiente. Realmente era peligroso hasta con los dos pies sanos. De alguna forma subí poco a poco hasta llegar arriba. Me detuve para respirar y dar una mirada al caso.

Ahora bien, no soy ningún investigador de física, pero hice algunos cálculos rápidos, y de acuerdo con mis cálculos si una persona de mi altura, peso y edad (A + P + E) se caía de un techo con este grado de inclinación (^), lo más probable es que se reventaría como una piñata cuando llegara a la tierra $(A + P + E) + \wedge = (estallido)^2$.

Respiré profundo, reuní mi valentía, reprendí mi sentido común de no meterme en lo que no me importaba y subí hasta las luces. Casi enseguida mi pie inmóvil se deslizó y me arrastró como un ancla. Al deslizarme a una velocidad mayor de la que yo fui capaz de calcular, frené, hundiendo mis brazos con todas mis fuerzas en las tejas de asfalto. Me costó bastante pellejo y sangre, pero por la gracia de Dios me detuve a mitad del desliz. Jadeante y sangrando me quedé allí tirado, considerando mis opciones hasta que por fin la voz de la razón llegó desde abajo.

«Papá, tú sabes que te quiero, pero no creo que esto sea una idea muy buena».

La preocupación de Joy me sacudió y volví a la realidad. Por fin fui capaz de detenerme y preguntar: ¿adónde irá a llegar mi historia de ahora en adelante?

¿Cuál era la mejor resolución? Bajar el cordón de las luces navideñas. El final no tan bueno: predicar con el cuerpo enyesado. El peor de los resultados: en lugar del culto normal, mi servicio fúnebre.

## 2.2 Causa y efecto

Nuestra historia es el resultado de muchas variables. No es para nosotros escoger los padres, la familia o el lugar de nacimiento. Durante la niñez otros deciden por nosotros dónde vivir, la escuela a la que asistiremos, dónde ir a comer y la hora de acostarnos. Al pasar los años, los adultos que eran responsables de nosotros gradualmente nos van entregando más responsabilidades, dejándonos tomar decisiones y enfrentar las consecuencias.

Este proceso sigue sucediendo durante la edad adulta. Parte de ser un adulto maduro es aprender a aceptar la responsabilidad de las decisiones que se toman. Uno aprende que, si excede el límite de velocidad, puede recibir una multa. Si sale a una cita con la persona errónea, podrá terminar acongojado, luchando para volver a confiar. Y si se toma seis latas de cerveza barata en menos de veinte minutos, se descubrirá abrazando un inodoro como si lo hubiera pedido en matrimonio y este le diera el sí.

Por otra parte, si todos los días llega a tiempo al trabajo y hace un buen trabajo, su jefe le dará su aprobación y le dará un aumento. Si comienza a hacer ejercicios y a mejorar su dieta, la talla de su cintura se reducirá y se sentirá mejor acerca de sí mismo. Y si asiste a las clases, toma notas y estudia para los exámenes, las calificaciones sobresalientes no estarán fuera de su alcance.

**La sabiduría es la brújula de Dios para ayudarnos a tomar decisiones acerca de la vida que queremos vivir.**

Cada decisión que tome, tanto grande como pequeña, afectará diferentes aspectos de su vida. Usted aprende a aceptar la responsabilidad de sus acciones o aprende a dar excusas y encontrar a quienes echar la culpa. Incluso cuando suceden cosas fuera de su control, cuando —*especialmente* cuando— se equivoca, usted tiene que elegir cómo va a responder. La sabiduría es la brújula de Dios para ayudarnos a tomar decisiones acerca de la vida que queremos vivir. El detalle es detenerse por un momento y utilizar la sabiduría antes de tomar una decisión equivocada.

## 2.3 El resto de la historia

Realmente cometí un error el día en que subí al techo con una enorme bota en mi pie. Luego de bajar hasta la mitad del techo, decidí llevar mi historia al lugar que quería que llegara. Despacio me moví hasta la escalera, bajé escalón por escalón y abracé a mi niña sabia. Las luces navideñas tendrán que esperar. (Si mi vecino dijera algo al respeto, le mostraré dónde está nuestra escalera y le agradeceré su ofrecimiento).

Gracias a Dios hice una pausa y revisé las posibles conclusiones de mi historia.

Pero son muchas las veces que no lo hice, cuando hablé sin antes pensar o actué por un impulso o reaccioné sin sopesar las consecuencias. No sé cuántas fueron las veces que me encontré cosechando lo que sembré, lidiando con los resultados de otra mala decisión. «¡Ojalá pudiera volver atrás para no hacer lo que hice! ¡Cuánto deseo no haberlo hecho!»

Y sé que no soy el único. Soy pastor y me he sentado con muchas personas llenas de pesar, he sentido dolor en mi corazón cuando entre lágrimas me han preguntado: «¿Por qué hice aquello? ¿En qué estaba pensando? Daría *cualquier* cosa por volver a tener esa oportunidad y tomar otra decisión».

Una de las mejores decisiones que podemos tomar cuando sentimos un impulso o nos enfrentamos a un dilema de alto riesgo es simplemente detenernos. Tomar un receso.

Presionar «pausa». Consultarlo con la almohada. Pensarlo. Buscar la sabiduría piadosa de personas en quien confíe.

Durante este intervalo visualice lo que podría suceder con cada una de sus opciones. Mucho antes de mi aventura en el techo desarrollé este hábito para ayudarme a tomar las mejores decisiones posibles. Trato de visualizar las probables consecuencias de mis opciones. Considero dónde estoy y a dónde quiero ir y entonces me muevo a mi destino. Aunque parezca que me muevo al paso de un bebé, si la dirección es correcta, sé que estoy acercándome más a la meta.

La mayoría de nosotros tenemos buenas intenciones, o por lo menos alguna clase de justificación por las cosas que hacemos. Y, sin embargo, muchos de nosotros nos quedamos sorprendidos cuando nos descubrimos lejos del destino. Como mencionamos antes, los grandes cambios en nuestra vida, positivos y negativos, raramente suceden sin una serie de decisiones en cadena, una tras la próxima como una fila de dominós cayendo.

No permita que la sencillez de este pequeño hábito le impida visualizar los resultados más probables. Le ayudará a atar los cabos sueltos entre donde usted está y donde quiere estar. Usted ya sabe dónde está (y si no, esta sería otra buena razón para detenerse a calcular dónde está), así que ahora simplemente visualice dónde quiere llegar. Entonces, cada vez que se presente una decisión, considere los resultados de cada una. ¿Cuál de estas le llevará al camino hacia dónde quiere llegar? ¿Cuál de estas le acercará más a Dios? Considere cada elección como si fuera un puente hacia su destino. Pregúntese:

1. Si sigo por este camino, ¿qué historia contaré al final?
2. ¿Es esta la historia que quiero?

Las decisiones que haga hoy, grandes y pequeñas, determinarán la dirección que su vida tomará mañana.

## 2.4 Señal de parada

Es importante detenerse a considerar si nuestras decisiones nos están llevando en la dirección correcta. Sin embargo, a veces nos dirigimos en una dirección sabiendo que está equivocada y que nos está alejando de la historia que queremos contar. Cuando esto sucede, necesitamos hacer una pausa no solo para considerar las consecuencias, sino para decidir no seguir en la dirección equivocada. La palabra *arrepentimiento* literalmente significa cambiar el rumbo, dejar de caminar en una dirección para volver a Dios y a su camino para nosotros.

> Las decisiones que haga hoy, grandes y pequeñas, determinarán la dirección que su vida tomará mañana.

En el Antiguo Testamento hay un maravilloso ejemplo acerca de detenernos para reconsiderar mejor la manera de actuar. En Éxodo 18, Moisés sabía que algo tenía que cambiar o, de lo contrario, él se iba a desmoronar intentando manejar todas las demandas en su vida. Después de guiar con éxito a los israelitas durante la salida de la esclavitud en Egipto, Moisés se convirtió en el responsable de escuchar todos los problemas de los israelitas y dictar su veredicto para cada cual.

Hacía esto día tras día, durante todo el día, hasta terminar agotado.

Al fin, Jetro, el suegro de Moisés, vino a ofrecerle un amor firme: «No está bien lo que estás haciendo —le respondió su suegro—, pues te cansas tú y se cansa la gente que te acompaña. La tarea es demasiado pesada para ti; no la puedes desempeñar tú solo. Oye bien el consejo que voy a darte» (Éxodo 18.17–19).

¿Se identifica con esto? ¿Está haciendo malabares con tantos serruchos de cadena que le parece imposible seguir y también imposible parar? ¿Qué lo mantiene en esta situación? ¿Qué está haciendo hoy que le perjudicará su historia? ¿Tiene algún hábito, una manera de pensar, una adicción, una actitud, un proceso mental o algo en su vida que está secuestrando la historia que desea contar?

Usted necesita el mismo aliento que Jetro le ofreció a Moisés: «que Dios te ayude» (v. 19). Luego continuó ofreciéndole una solución sencilla y práctica: «Deja de hacerlo como lo has venido haciendo y procura conseguir ayuda». Jetro le aconsejó a Moisés que seleccionara a algunos líderes capaces y los preparara para manejar las disputas que él estaba escuchando. Jetro describió un sistema que lo ayudaría a atender una cantidad de quejas sin que ninguno de los líderes se abrumara. En esencia, era una jerarquía donde algunos estarían a cargo de miles, otros de cientos, otros cincuentas y otros diez. Un curso básico de introducción al proceso de delegar, ¿verdad?

En lugar de hacerse cargo de toda esta responsabilidad, Moisés podía delegar su autoridad de manera que se escucharían a todas las personas y a Moisés solo le dejarían los casos más complicados e importantes, los que sus ayudantes no podían resolver. Si él compartía sus responsabilidades, su carga se aliviaría y todos volverían a casa satisfechos.

Al parecer, Moisés no tuvo que pensarlo dos veces: «Moisés atendió a la voz de su suegro y siguió sus sugerencias» (v. 24). Dejó el intento de hacerlo todo, y esto hizo la diferencia. La mayoría de las grandes historias acerca del liderazgo excepcional de Moisés, las cosas por las cuales le recordamos, sucedieron *después* de hacer este cambio simple y práctico.

No pase por alto la importancia de la decisión de Moisés. No era que hiciera más. Hacía menos. La decisión de dejar de hacer algo no solo cambió sus circunstancias, sino que cambió la historia que algún día contaría Moisés. Así también sucede con usted. Dios puede llamarle a eliminar, abandonar o abolir algo para poner fin a una cosa y así librarle para vivir la historia que Él quiere que usted cuente.

Muchas veces tenemos que soltar lo que hemos estado sujetando para recibir lo que Dios quiere darnos.

> Dios puede llamarle a eliminar, abandonar o abolir algo para poner fin a una cosa y así librarle para vivir la historia que Él quiere que usted cuente.

## 2.5 Usted no sabe lo que se está perdiendo

Si está abrumado como lo estaba Moisés, piense en todos los platos que el malabarista quiere mantener girando, en todas las responsabilidades que ha aceptado. ¿Estará una de estas cosas interfiriendo con su historia? Para cada actividad o responsabilidad, conteste estas dos preguntas:

1. Si sigo haciendo _____, ¿qué historia estaré contando?
2. ¿Es esta la historia que deseo contar?

¿Cuánto le costará no aminorar el paso? Un costo escondido podría ser el que usted no sabe qué está perdiendo si sigue al paso que va. Se ha acostumbrado tanto a sus hábitos, su estilo de vida y a estar muy ocupado que ha olvidado lo que realmente significa relajarse, aquietarse delante de Dios.

Las personas que tienen demasiadas cosas que hacer tal vez tendrán razones para no delegar: el deseo de controlar, una estructura que depende excesivamente de ellos, poca habilidad para comunicar, falta de capacidad administrativa. En muchos casos, tal vez la mayoría se agote. Una mañana se despiertan y no pueden salir de la cama. Toman la posición fetal y se dan por vencidos.

La mayoría de nosotros conocemos personas, incluso creyentes, que un día descubren que están enojados con Dios, amargados porque se sienten derrotados y que la vida los ha vencido. ¿Qué si esto le hubiera sucedido a Moisés? «¡Dios, este es *tu* pueblo tonto! ¿Por qué *tengo* que hacer todo esto yo solo? ¿Dónde estás tú? ¿Por qué no me ayudas? ¡Olvídalo, Dios!» Aunque la Biblia nos dice que Moisés era un gran hombre de fe, también reconocemos, por los detalles de su vida, que no era perfecto. ¿Cuál habría sido su historia de no haber aplicado el sabio consejo que recibió? Imagine cuánto le habría costado no detenerse. De esta misma manera no se sabe lo que su mal hábito, modo erróneo de pensar o patrones pocos sanos le podrían costar a usted si no se detiene. Lo que parece ser una decisión insignificante a menudo termina convirtiéndose en una vertiginosa avalancha.

## 2.6 Avance su historia

Recuerde: usted puede discernir el impacto de sus decisiones y hábitos al empujar el botón de avance rápido. Hacia dónde va la acción, no las buenas intenciones, determinará su destino. ¿Adónde se dirige su historia ahora mismo? ¿Qué sucederá si sigue en esta dirección?

Consideraremos algunos ejemplos.

Comencemos por pensar en su cuerpo y cómo usted lo trata. Sigue comiendo en exceso. Sigue obviando su cuerpo. No deja de fumar ni de tomar en exceso, sigue haciendo lo que de alguna manera es un abuso para su cuerpo. Adelante esta historia. ¿Qué sucederá?

Tal vez no acompañará a su hija cuando camine por el pasillo durante su boda. Porque estará muerto. Quizá no vea a sus nietos porque ya no estará aquí. O imaginemos cómo sería pasar los últimos veinte años de su vida luchando con problemas de salud debido a las decisiones que está tomando ahora mismo. El avance rápido de su historia puede ser aleccionador. Siento ser tan dramático, pero las personas toman malas decisiones —pequeñas, todos los días— que terminan en tragedias como estas. O peor.

Siga mirando la porno. Ha sido muy cuidadoso para mantenerlo en secreto hasta ahora y todavía no lo han descubierto. Ahora dé un avance rápido a esto. ¿Durante cuánto tiempo «solo mirar» será suficiente? ¿Cuánto tiempo pasará antes de enredarse con un viejo amor que encontró en Facebook, y ambos terminarán destruyendo sus respectivos matrimonios? O tal vez usted nunca hace nada más que mirar, pero un día llega a casa y descubre que la persona a quien le prometió «hasta que la muerte nos separe» ha descubierto lo que usted estaba haciendo. Aplastada, devastada, destrozada, su cónyuge clama: «¿No he sido suficiente para ti?».

Siga gastando más dinero del que gana. Cargue todo lo que pueda en las tarjetas de crédito y cuando llegue al límite, aplique para subir la cantidad. Ahora presione el avance rápido. Un día, cuando se dé cuenta de que ni siquiera puede hacer los pagos mínimos, trate de explicar a sus hijos por qué tienen que dejar las actividades que les encantan —balompié, baile, piano— porque usted no puede pagarlas. Avise a su familia que tiene que vender la casa y que todo el mundo tiene que mudarse a un apartamento y cambiar de escuelas porque se agotaron sus opciones. Solamente avance su historia.

Pero, hay buenas nuevas: su historia no tiene que terminar así. Al igual que Moisés dejó una cosa y de manera dramática alteró su historia para mejorarla, usted puede detener esa sola cosa que lo hará comenzar su viaje hacia una historia mejor que glorifique a Dios.

## 2.7 Por dentro y por fuera

Aunque es posible que se le ocurra pensar en algunas cosas a las que tendrá que renunciar, solo elija una de ellas por ahora. Si selecciona cinco, le garantizo que no tendrá éxito cuando quiera dejar fuera alguna de estas. Solo elija una. Al considerar cuál dejará fuera, examine tanto sus hábitos internos como externos.

Hábitos externos son conductas que se pueden observar desde afuera: comer cosas pocas saludables, mal genio y atacar a los que usted quiere, actividades y conductas que lo dañan a usted y a otros.

Incluso, más peligroso que los comportamientos externos es nuestra naturaleza pecaminosa interna. Esto es lo que más a menudo nos mete en líos. Egoísmo, avaricia, arrogancia y lujuria. Una mala actitud, un espíritu crítico. Hasta preocuparse y hablar de manera negativa consigo mismo. No importa lo que esté sucediendo internamente, si no es saludable, necesita dejarlo. Yo lo sé porque tuve que detener algunas cosas en mi vida.

Antes de seguir a Cristo, cuando era universitario, yo bebía alcohol. Bastante alcohol. Muchísimo alcohol. Me emborrachaba regularmente con mis amigos. Me quitaba la camisa y comenzaba a bailar pésimamente. Pero entonces, cuando entregué mi vida a Cristo, me di cuenta de que tomar sería una de las primeras cosas que tendría que dejar. Para mí, era inevitable que tomar me condujera a otra clase de conducta peligrosa y pecaminosa. Dejar de tomar fue una lucha para mí, pero gracias a Dios, Él me dio poder para querer más de lo que seis latas de cerveza seguida de unos tragos (está bien, muchos tragos) pudieran suplir. Así que dejé de tomar. No fue fácil al principio, pero mientras más practiqué el dejar el alcohol atrás, más me dirigí a una dirección nueva y divina.

Durante ese mismo tiempo, mientras que todavía era soltero y andaba en parrandas, también estuve sexualmente activo. Pero reconocí que este comportamiento externo tampoco me estaba ayudando a contar la historia que quería. No es que quisiera relaciones puras, pero lo que realmente quería era una sola relación pura y santa con una sola mujer por el resto de mi vida. Así que luego de orar mucho y luchar con Dios, Él me ayudó a dejar el sexo antes del matrimonio.

Cuando conocí a Amy y nos enamoramos, estuvimos de acuerdo en mantener la pureza de nuestra relación, esperaríamos a casarnos antes de tener sexo. Aunque no fue fácil (nada fácil), valía la pena. Ahora podemos contar a nuestros hijos y a la familia de la iglesia la verdad acerca de nuestra historia y nuestras decisiones. Esto los está ayudando a tomar decisiones que contará las historias que ellos querrán contar, historias de las que estarán orgullosos.

Yo también solía perder los estribos. Tenía un fusible que realmente era muy corto, y me enfurecía cada vez que sucedía algo que me alteraba. Al pasar el tiempo, con la ayuda de Dios y mediante amigos de confianza he aprendido a contar hasta diez antes de reaccionar. En la actualidad, aunque todavía puedo ser muy intenso, por lo menos de acuerdo con mis colegas de trabajo, ya no tengo que luchar tanto como antes con mi temperamento. Lo cual me permite ser un mejor padre, esposo y pastor.

No hace mucho mi familia me señaló otra cosa que tenía que dejar de hacer. Amy y mis hijos me dijeron: «Parece que siempre estás usando el teléfono». Al principio traté de justificarme. «¡Pero lo que estoy texteando es realmente importante!» No tardé mucho en reconocer que tenían razón. Luego de desintoxicarme de mi adicción al teléfono, logré no llevar el móvil a las comidas. De una manera gradual aprendí a dejar de ser esclavo de mi celular. Quería que mi historia fuera: «Papá siempre nos presta atención», y no «Craig siempre contestaba cada texto en cinco minutos o menos».

Porque, ¿cuál de estas historias realmente importa?

## 2.8 Hora de terminar

Le he dado algunos ejemplos de mi vida. Ahora es su turno. ¿Qué es lo que realmente quiere Dios que usted quiera? Y basado en lo que Dios quiere que usted quiera, ¿qué quiere Él que usted deje de hacer?

Recuerde: por ahora concéntrese en una sola cosa. Cada ejemplo que le he dado fue una sola cosa en la que trabajé durante bastante tiempo: semanas, meses y a veces hasta años.

Considere algunas de las cosas comunes que son focos de lucha para muchas personas y que tal vez sean cosas que debe dejar de hacer.

### MEDIOS DE COMUNICACIÓN DE LAS REDES SOCIALES

¿Se está apoderando de su vida una devoción a los medios sociales? Un día, hace unos meses, mi hija de dieciséis años invitó a algunas amigas a la casa para reunirse.

Al pasar por la sala vi que todas estaban sentadas en el sofá mirando hacia abajo, a sus teléfonos. Habrían hecho lo mismo de no haber estado juntas en la misma ciudad.

¿Cuánto tiempo pasó usted en Pinterest durante la semana pasada? ¿Y le cambió su vida la foto de un pastel? ¿Valió la pena el tiempo que invirtió pulsando en la pantalla? ¿Colocó en la Internet una receta que cambió al mundo? ¿Están escribiéndole cartas de agradecimiento por la foto de la pantalla de una lámpara a la que usted le pegó un encaje por lo que significaba para su familia? ¡Levante la vista de aquella pantalla! Es probable que en la habitación descubra algunas caras que están allí mismo con usted, personas que le aman y que están desesperados porque usted se conecte con ellos.

## LA NECESIDAD DE CONTROLARLO TODO

¿Está tratando de controlarlo todo y a todos los que tiene en su vida? Respire profundo y dé un vistazo a su alrededor. ¿Está usted ahuyentando a sus hijos? ¿Está volviendo loco a su cónyuge constantemente? Lo que hace no está bien. Necesita dejar de controlarlo todo.

¿Lo critica todo? ¿Está juzgando siempre? ¿Tiene la costumbre de evaluar con cuidado todo lo que está a su alrededor, constantemente notando las cosas que no son de su agrado? (¿Es esto lo que ha estado haciendo desde la primera página de este libro?) De ser así, permítame preguntarle: ¿Le ha ayudado? ¿Está el mundo en un mejor lugar por haberse usted comprometido a criticarlo todo? Pregúntese: «¿Estoy haciendo bien con esto?» Si no, deje de hacerlo. Y...

¿quién sabe? Si puede dejar de juzgarlo todo, es posible que le sorprenda lo mucho que comenzará a disfrutar la vida y las personas que le rodean.

## HÁBITOS MALSANOS

¿Fuma cigarros, tabaco, cigarrillos, marihuana, crayón o cartón? ¿Todo lo que se pueda enrollar? Si está metido en esto, ¡no está bien! No le está ayudando. Necesita dejarlo.

¿Disfruta un trago de vez en cuando? Tal vez sea más a menudo que «de vez en cuando». ¿Le ha estado mintiendo a otros acerca de esto? ¿Se ha estado mintiendo a usted mismo? Hay que aceptar la responsabilidad de nuestras decisiones y detenerse.

Observe a las personas que le rodean, sus amigos y conocidos. ¿Le están ayudando a hacer una gran historia? Le quieren y le animan a vivir una vida que honre a Dios, que haga una diferencia? O, por el contrario, ¿lo están arrastrando con ellos? Tal vez necesite dejar de pasar tiempo con ellos. ¿Come constantemente comidas que sabe que no le convienen, comida rápida y chatarra?

Si está viendo películas y programas de televisión cuestionables y escuchando música que no honra a Dios, necesita dejar de hacerlo.

Si descuida a su familia u otras cosas, tal vez necesite buscar consejería, otro trabajo, pasar un tiempo fuera del trabajo, o hacer cualquier cosa que le ayude a librarse de esto.

Si está culpando a Dios por algo malo que le sucedió en su vida, busque a Dios en su Palabra. Hable con su pastor. Ore acerca de encontrar la manera de dejar de culpar al que usted más necesita. Si alberga rencores o resentimientos porque alguien le hirió, pídale a Dios que le ayude a perdonarlo para no seguir esclavo de la amargura. Haga *algo* para salir del lugar donde está estancado.

¿Qué está haciendo que no le conviene? ¿Qué necesita dejar de hacer para contar la historia que Dios quiere que usted cuente? ¿Cuál es la próxima decisión que necesita tomar para cambiar la dirección de su vida? ¿Qué necesita dejar de hacer para adelantarse en la historia que desea vivir? Escoja una cosa que necesite dejar de hacer para cambiar la dirección de su vida. Escríbalo en un papel.

## 2.9 El fin a la vista

El autor a los Hebreos dijo: «Por tanto, también nosotros, que estamos rodeados de una multitud tan grande de testigos, despojémonos del lastre que nos estorba, en especial del pecado que nos asedia, y corramos con perseverancia la carrera que tenemos por delante. Fijemos la mirada en Jesús, el iniciador y perfeccionador de nuestra fe, quien, por el gozo que le esperaba, soportó la cruz, menospreciando la vergüenza que ella significaba, y ahora está sentado a la derecha del trono de Dios» (Hebreos 12.1, 2).

¿Qué es lo único que le restringe, que le impide contar la historia que quiere contar? Despójese de eso. Una traducción dice: «arrójelo».

Esta es una carrera a largo plazo y usted tiene que fijar el paso adecuado. Usted puede ver el rumbo por delante. Sabe lo que es malo y sabe lo que está haciendo que no es bueno. Busque ayuda. Lea un libro. Busque el rostro de Dios durante un ayuno. Únase a un grupo pequeño. Haga lo que sea necesario para dejar de hacerlo. Y si esto no le ayuda, pruebe con algo diferente.

Fije su vista en Jesús. Dele la oportunidad de escribir su historia. No le dé pena pedir su ayuda. Él desea perfeccionar la fe de usted. Esto no es una modificación de comportamiento, cualquiera puede hacer eso. Lo que usted necesita es una transformación espiritual. Necesita despojarse de los trastos y el desorden para poder escuchar a Dios. Después necesita escuchar. Él le mostrará lo que está impidiendo su historia.

Quizá usted reconozca que está haciendo algo que no está bien y ya ha intentado dejar de hacerlo, pero descubrió que no lo podía dejar de hacer por sí mismo. Es cierto que *no se puede*, especialmente por cuenta propia. Pero estoy aquí para decirle que con el poder de Cristo se puede dejar de hacer cualquier cosa que Él le pida que deje. Si sigue a Cristo, entonces el Espíritu que lo resucitó de entre los muertos ¡mora en usted!

Y Él le dará el poder para dejarlo.

# 3 Quédese

*Tengo más interés en quedarme*
*que disposición para irme.*

— WILLIAM SHAKESPEARE

Unos compradores ocupados daban vueltas donde estaba, algunos empujaban carritos de compras, mientras que otros sostenían cestas plásticas. Desde arriba se escuchaba una música ambiental barata y en un lugar cercano lloraba un pequeño niño. Él se paró en el pasillo donde estaban las tarjetas de felicitaciones, pero la variedad le abrumaba. Estaba buscando algo serio, aunque no demasiado sentimental, tal vez alegre, pero no tontón. Entre docenas, si no centenares, de tarjetas, ¿por qué era tan difícil encontrar una que dijera algo semejante a lo que él quería decir?

Por esta misma razón es que detestaba seleccionar tarjetas de aniversario. Ya no eran recién casados, estaban lejos de esto. Pero tampoco estaban listos para retirarse y sus hijos todavía estaban con ellos. Algo sexi o coqueto tampoco le parecía bien, aunque no le molestaría luego que los hijos estuvieran en sus camas y se quedaran ellos dos solos. Pero les había llevado meses volver al punto de sentirse cómodos a solas. En su mente revisó el año pasado y se preguntó si había hecho la decisión correcta. Reflexionó en lo que la tarjeta perfecta pudiera decir.

«Hola, mi amor, feliz aniversario. Pasamos otro año. No estuve seguro que pudiéramos lograrlo luego de lo que pasó el verano pasado, pero te agradezco mucho que estuvieras dispuesta a quedarte y solucionar el problema. Habría sido muy fácil echarme la culpa e irte de una vez. Conozco a muchas esposas que pensarían que el divorcio era la única solución. Sé que lo he dicho un millón de veces, pero siento mucho haberte herido. No tenemos que repasar el pasado, pero quiero que sepas cuánto te quiero. Cuánto aprecio tu disposición para discutir las cosas, llorar y orar juntos. ¡Tu perdón significa mucho para mí! Nadie me ha querido como tú. Gracias por quedarte y no darte por vencida con nuestro matrimonio y familia. Te quiero. ¡Feliz aniversario!»

De manera casual se secó unas lágrimas y miró para ver si alguien lo había visto, como si ese alguien pudiera saber lo que estaba pensando y sintiendo en ese momento. Una anciana que estaba cerca se echó a reír al leer la tarjeta que tenía en sus manos, y entonces le miró como si esperara que él también se riera.

—Es tonto —le dijo a él o tal vez a nadie en particular—, pero creo que a mi esposo le gustará. —Se inclinó en su dirección, de modo que él se dio cuenta de que después de todo sí le estaba hablando—. Mañana es nuestro aniversario. Cuarenta y ocho años, increíble, ¿verdad?

—Mi esposa y yo también estamos celebrando un aniversario —dijo el hombre sonriéndose y asintiendo con su cabeza.

—¡Qué bueno! —dijo ella—. Usted no me lo preguntó, pero le voy a decir cuál es el secreto de un buen matrimonio.

Él se acercó un poco más y notó una chispa en los ojos de la mujer.

—Mayormente consiste en aguantar —agregó ella—. Es decidir quedarse cuando sería más fácil irse.

Él asintió con la cabeza mientras que ella doblaba por la esquina para ir al próximo pasillo. Él se preguntaba si ella sería un ángel o solo una vieja loca. No importaba. Se sonrió, tomó una tarjeta con mucho espacio en blanco para escribir su propio mensaje de aniversario y se dirigió a la fila para la cajera.

## 3.1 Hora de renunciar

Es solo por la gracia de Dios que he sido pastor durante más de la mitad de mi vida. Cuando decidí seguir a Cristo por completo, todavía estaba en la universidad estudiando administración de empresa. Tan pronto como supe que quería dedicar el resto de mi vida a servir a Dios como pastor, comencé a buscar oportunidades para servir.

Aunque no tenía experiencia ministerial, mi iglesia estuvo dispuesta a contratarme para iniciar un ministerio de adultos solteros. Encaré un tremendo proceso de aprendizaje y gasté más que mi cuota de errores como principiante. Entonces, un viernes por la noche durante un programa para solteros, sucedió. Todos sabían que solo durante muy pocos meses las cosas habían cambiado, ¡pero en una dirección equivocada! Lo que comenzó como un grupo robusto de alrededor de cien personas, se había reducido a solo cuatro o cinco, ¡y Amy y yo éramos dos de ellos!

Después del desastre del viernes por la noche, no pasó mucho tiempo antes que uno de los miembros de la junta de la iglesia me llamara a una reunión y me dijera: «Escucha, Craig, hemos hablado y no estamos seguros de que esto sea para ti. Quizá debas considerar hacer otra cosa con tu vida». Aunque yo sabía que las cosas no iban bien, me quedé anonadado.

Devastado, volví a casa para contarle a Amy lo sucedido. No podía contener mis emociones. Cuando Dios me abrió esta puerta del ministerio, pensé que me estaba mostrando lo que debía hacer con mi vida. Sin embargo, luego de un fracaso tan notable, no pude evitar creer que estuviera equivocado. Tal vez había perdido la dirección de Dios. Quizá debía buscar trabajo en otro campo. Enumeré todas las razones por las cuales no estaba hecho para el ministerio: no tenía trasfondo ministerial, era muy joven y no llevaba mucho tiempo de creyente. Mi lista de descalificaciones podía haber llenado varias páginas de un currículum vitae inservible.

Por otra parte, Amy me recordó todo lo que habíamos creído sentir como una confirmación de que estábamos precisamente donde Dios quería que estuviésemos. Quizá lo más importante fue que ella me animó a no decidir nada hasta hablar con mi pastor, Nick Harris. Unos días más tarde, cuando fui a ver al pastor Nick, ya él sabía la decisión de la junta. Sin embargo, me pidió que le relatara exactamente lo que había pasado y escuchó con paciencia mi lado de la historia.

Cuando terminé de hablar, mi pastor se quedó sentado detrás de su escritorio durante varios minutos, estudiándome y reuniendo sus pensamientos. Finalmente habló, escogiendo sus palabras con cuidado. «Craig, creo que entiendo las razones de la junta, y seamos honestos, algunas de sus preocupaciones son válidas». Sabía que él tenía razón y sospeché que estaba a punto de ofrecerme alguna ayuda para encontrar una posición en otro lugar.

«Sin embargo», continuó diciendo antes que yo pudiera decir algo, «puedes estar seguro de que aquí hay *algo más*. Mientras más quiera usarte Dios, más tentado estarás a renunciar. Y, Craig, yo creo que esto es lo que está pasando aquí. Veo gran potencial en ti. Viniste a pedirme consejo. Pues aquí está: no te atrevas a renunciar. Persevera donde estás».

Me quedé impactado. Y agradecido. Por supuesto, las palabras del pastor Nick eran amables y alentadoras pero, además, estaban cargadas de una autoridad que venía de un lugar más profundo, de alguna sabiduría profunda que yo también quería tener. Era como si Dios estuviera hablando por medio de él.

Y aunque había escuchado el mensaje con claridad, yo sabía que no sería fácil perseverar. Sería como comenzar en cero. Yo tendría que subir gateando desde varios pisos por debajo del sótano. Pero decidí quedarme en el ministerio, aunque habría sido más fácil abandonarlo.

Con el apoyo del pastor, la junta acordó darme otra oportunidad para probarme. Y aquí estamos desde hace veintiséis años, y ahora soy yo quien se lo está contando en este libro que usted está leyendo. Por haber decidido quedarme, mi historia (mejor dicho, mi historia en manos de Dios) ha sido infinitamente mejor que cualquiera que yo hubiera escrito por mi cuenta.

## 3.2 Poder para quedarme

He pensado muchas veces cuán diferente habría sido mi vida de haberme dado por vencido en aquel momento. Mi historia pudo haber sido algo así: «Sí, pensé que podía ser un pastor, pero lo intenté y no cuajó. Así son las cosas a veces». No significa que ser otra cosa, en lugar de ser un pastor, fuera un paso hacia abajo; era simplemente que no ser un pastor significaría no seguir la historia que Dios quería escribir en mi vida. A pesar de la tentación de renunciar al ministerio a tiempo completo, en lo profundo de mi ser yo sabía que ser un ministro era la dirección que mi historia debía seguir. En ese momento la sensación de mi historia no era lo que yo quería sentir.

Estoy seguro que usted tendrá que luchar con retos ocasionales durante diferentes temporadas de su vida: un trabajo que no cree poder aguantar ni un día más, una relación que de repente sufrió un mal cambio, un sueño que todavía no se ha materializado, una mudanza que no resultó estar a la altura de las expectativas. Cuando estas cosas suceden, solo es natural considerar aquellas decisiones grandes que alteran la vida:

- ¿Debo arriesgarme, renunciar a mi trabajo y buscar otro?
- Me pregunto si esta relación está llegando al fin. ¿Será hora de cambiar?
- Parece que esta empresa nunca va a tener suficientes clientes. Tal vez debo cortar mis pérdidas antes que empeoren las cosas.

En cada uno de estos ejemplos —y en la mayoría de las decisiones en la vida— usted ha llegado a una disyuntiva, una encrucijada, y es hora que decida: ¿debo continuar por este camino o debo abandonarlo?

En muchas ocasiones usted debe alejarse. A veces lo mejor es dejar que este capítulo de su vida termine para comenzar uno nuevo. Antes de decidir, debe preguntarse: «¿Estoy decidiendo darme por vencido porque es lo correcto o solo porque sería más fácil alejarme?».

> Puede ser que la mejor decisión y la más remunerable sea quedarse en el recorrido, incluso cuando sería mucho más sencillo dar la vuelta y alejarse.

Puede ser que la mejor decisión y la más remunerable sea quedarse en el recorrido, incluso cuando sería mucho más sencillo dar la vuelta y alejarse.

## 3.3 El camino de Rut

Aguantar hasta el final nunca es fácil. Si usted no tiene un conflicto o no está encarando una especie de adversidad, es probable que no se sienta tentado a hacer un gran cambio. Muchas veces, tal vez la mayoría de las veces, no sería lógico quedarse. A veces las mejores decisiones van en contra de la opinión general o de las tendencias actuales. Por eso es muy importante escuchar lo que *Dios* le dice y no lo que le digan los demás.

El libro de Rut, en el Antiguo Testamento, nos relata una gran historia acerca de este mismo dilema. Allí encontramos a una mujer que se llama Noemí y sus dos nueras, Orfa y Rut. La historia comienza con una tragedia. Primero se muere el esposo de Noemí durante una hambruna. Pero ella tenía dos hijos que se casaron con mujeres moabitas, Orfa y Rut. Entonces, unos diez años después, otra tragedia: murieron los dos hijos de Noemí. Esto dejó a las tres mujeres sin esposos.

En ese tiempo una viuda sin hijos carecía de mucha esperanza u oportunidad. La sociedad no estaba organizada para dar trabajo a las mujeres, así que una mujer dependía de su esposo para las entradas, o de los hijos en caso que el esposo muriera. El problema era que Noemí no podría mantenerse buscando trabajo en una cafetería. No era culpa de ella, así que la única opción que les quedaba era mendigar, una posición que en aquella sociedad se consideraba incluso inferior a la de un esclavo.

Noemí comprendió esta sombría realidad de su situación y con gentileza animó a sus nueras a regresar a sus respectivas casas. «Ustedes dos han sido muy buenas conmigo y con mis hijos. Ustedes son buenas mujeres. Deben regresar con sus familias. Será más fácil allí para ustedes y, además, son lo suficientemente jóvenes como para encontrar esposos». Luego de alguna persuasión, Orfa se dio cuenta de que Noemí tenía razón, así que volvió a casa. Aunque era la solución más fácil, realmente no tenía que sentir vergüenza alguna por hacerlo. Y, además, estaba claro que era lo que más sentido tenía.

Pero Rut no vio las cosas así. Aunque habría sido mucho más fácil alejarse, ella decidió quedarse y pegarse a su suegra, a pesar de un futuro incierto. Noemí intentó persuadirla para que volviera a casa, diciéndole amablemente: «Mira —dijo Noemí—, tu cuñada se vuelve a su pueblo y a sus dioses. Vuélvete con ella» (Rut 1.15).

Pero Rut replicó: «¡No insistas en que te abandone o en que me separe de ti! Porque iré adonde tú vayas, y viviré donde tú vivas. Tu pueblo será mi pueblo, y tu Dios será mi Dios» (v. 16).

Cuando Rut le dijo a Noemí que ella se quedaría, lo dijo con toda seriedad; ella se estaba comprometiendo a esta vida. Le estaba diciendo: «Somos familia, y aunque sé que será difícil, una familia permanece unida». Pero para mí, la próxima cosa que dijo es todavía más fuerte. Rut dijo: «Noemí, no volveré a los dioses que tuve antes. Estoy eligiendo a *tu* Dios, el único y verdadero Dios. No solo estoy comprometiéndome contigo, sino con Él».

Sería difícil exagerar las dimensiones de esta decisión, y lo costoso que era para Rut. Su decisión era convertirse en mendiga, menos que esclava, junto a Noemí. ¿Se imagina usted escoger esta vida a propósito? Pero esto, precisamente, fue lo que hizo Rut. Le tomó cariño a Noemí y confiaba en ella. Pero más que eso, ella decidió confiar en Dios.

A medida que se adaptaba a la nueva vida en una tierra extraña, Rut salió a los campos después de la cosecha para espigar el grano que había quedado. (Esto estaba de acuerdo a una ley que Dios estableció durante el tiempo de Moisés y que decía que los terratenientes tenían que permitir que los pobres recogieran cualquier cantidad razonable que pudieran cargar). Si los que cosechaban dejaban granos por detrás, Rut tendría el grano que ella y Noemí necesitaban para hacer pan. Pero si los obreros lo recogían todo, Rut volvería a casa con las manos vacías y pasarían hambre.

Un día, el rico dueño de los campos donde Rut espigaba la vio y sintió compasión por ella. El nombre del hombre era Booz y cuando se enteró de lo que Rut estaba haciendo, le dio permiso para recoger de allí e incluso tomar agua de su pozo cuando tuviera sed. Entonces, dio instrucciones a los obreros para que no la molestaran y dejaran granos extras por detrás para asegurarse de que ella tuviera suficiente. En aquel entonces no era raro que los hombres se aprovecharan de una mujer en las circunstancias bajas de Rut. Así que Booz les advirtió a sus hombres: «No se atrevan a tocarla».

Todo esto hace que surja la pregunta: ¿por qué un rico terrateniente como Booz mostraba tanta compasión por una extranjera anónima como Rut? Él había escuchado su historia, la historia que su vida contaba acerca de la lealtad y el amor. Miren lo que él le dice a ella en Rut 2.11, 12:

«Ya me han contado —le respondió Booz— todo lo que has hecho por tu suegra desde que murió tu esposo; cómo dejaste padre y madre, y la tierra donde naciste, y viniste a vivir con un pueblo que antes no conocías. ¡Que el Señor te recompense por lo que has hecho! Que el Señor, Dios de Israel, bajo cuyas alas has venido a refugiarte, te lo pague con creces».

Booz había oído cómo Rut, sin interés alguno, decidió quedarse con Noemí, aunque hubiera sido mucho más fácil alejarse. Y no solo la elogió por su lealtad a Noemí, sino que además hizo arreglos para facilitar su vida y, por si fuera poco, le añadió una bendición. Hay que entender que en su cultura esto era mucho más que un gesto agradable; por lo general las bendiciones se reservaban para los miembros de la familia, en particular para los hijos herederos. La bendición de Booz para Rut realmente no tenía precedentes.

Ni Booz ni Rut imaginaron que esta bendición se convertiría en algo grande. Mediante una serie de acontecimientos pocos usuales, Booz —el terrateniente atento, generoso, rico y respetado— terminó casándose con ella. Después de casarse, Rut y Booz tuvieron un hijo. Incluso, la historia de Rut no terminó después de su muerte. Si usted trazara el linaje de Jesús, vería que Él vino del linaje de Rut. Esto ciertamente influyó en que un libro en la Biblia llevara el nombre de Rut, una de solo dos mujeres que han tenido esta distinción.

Todo cambió en la vida de Rut. ¿Por qué? Porque ella decidió quedarse, aunque hubiera sido más fácil alejarse. También es importante para nosotros reconocer que Rut no se quedó porque pensara que tendría alguna ventaja. No lo hacía porque esperara alguna bendición de Dios como resultado. No, se quedó con Noemí porque creyó que eso era lo correcto, y por eso la bendijo Dios.

## 3.4 ¿Debo quedarme?

Si no ha ocurrido todavía, algún día usted se encontrará en una encrucijada, en un lugar donde tendrá que decidir la dirección de su vida. ¿Debo perseverar, aunque sería mucho más fácil ir en otra dirección?

O, tal vez una mejor pregunta sería: ¿qué quiere Dios que usted quiera?

Piénselo durante un minuto. ¿Cuál es una gran cosa que usted sabe que Dios quiere que usted busque? ¿Quiere que pase más tiempo con su familia? Quizá desea que usted pase más tiempo desarrollando espiritualmente a su familia. Tal vez quiera que trabaje más para *desarrollarse* espiritualmente porque, para ser sincero, usted no ha estado creciendo como un seguidor de Cristo, como un discípulo genuino. Puede ser que Dios quiera que usted deje de ir tras sus sueños, y rendirle a Él algo que es muy importante para usted. Quizá quiera que usted deje de vivir por cosas que carecen de importancia. Aunque lo que le interese a usted no sea una de esas cosas, apuesto a que ya tiene una noción de lo que Dios quiere que usted quiera.

Luego de saber lo que Dios quiere que usted quiera, ¿adónde quiere Dios que usted se quede? ¿En qué esfera de la vida quiere Dios que persevere para poder contar la historia que Él quiere que usted cuente? Aunque sea más fácil alejarse, ¿hay alguna situación en la que Dios quiere que usted permanezca? Aparte un momento para anotarlo.

Al considerar estas preguntas, permítame contarle otro momento en mi vida en que no solo fui tentado a renunciar, sino que renuncié. En mi último año de escuela secundaria yo jugué en las eliminatorias del campeonato estatal de tenis contra un joven que estaba invicto. Mi oponente era el favorito para ganar el torneo, así que un agente de una de las universidades de mejor clasificación en el NAIA vino para verle jugar. Las eliminatorias estatales eran importantes, así que jugué con todo mi ser, entregando todo lo que tenía. Y sucedió que barrí la cancha, ganando abrumadoramente a mi oponente antes invicto.

Cuando salí de la cancha, el reclutador pasó por delante de él directamente hacia mí y me ofreció una beca de tenis durante cuatro años en su tremenda universidad. Poco después que él saliera jugué mi próximo partido en los finales contra un joven que ya había derrotado dos semanas antes. Pero él me destruyó. Jugué el peor partido de mi vida.

No obstante, comencé en la universidad como un jubiloso estudiante de primer año con una beca completa. Yo debía estar aterrado porque los demás jugadores me habían superado por completo. Habían reclutado a todos los otros jóvenes en el equipo *internacional*. Todos eran de Australia y cada uno era fenomenal. ¡La única razón que me mantenía en el equipo es que yo era el único jugador con un auto! Servía de chofer para transportarlos.

Aquel primer año nuestro equipo quedó entre los primeros tres o cuatro de toda la *nación*. Había seis jugadores en el equipo y yo estaba casi en último lugar, peor que todos los demás. Aunque mi promedio no hundió la calificación del equipo, sí bajó la moral. A mitad de temporada el récord de rendimiento de mis compañeros del equipo era algo como 16-0, 15-1 o 14-2. Pero mi rendimiento era de 2-14. Y no por haber ganado dos partidos. ¡Nada de eso! Fue porque uno de mis oponentes no cumplió. ¡No apareció!

Luego de una serie de pérdidas frustrantes, permití que mis emociones se apoderaran de mí. Durante este partido local, como solía ocurrir, todos mis compañeros ganaron fácilmente. Y yo, como siempre, perdí. Pero no solo perdí. ¡Perdí 6-0, 6-0! En ese momento sentí la fuerte necesidad de expresar el cúmulo de frustración y desilusión. De modo que hice lo que cualquier persona temerosa de Dios haría: saqué mis dos raquetas y las hice pedazos.

Pero esto solo fue el inicio. (No me enorgullezco de estas cosas, así que no me juzgue con demasiada severidad). A medida que destruía mis raquetas, soltaba un torrente de malas palabras que sonrojarían a un demonio. Y luego, para asegurarme de haber demostrado que tenía menos madurez que un niño de tres años, dejé los restos de mis raquetas justo donde las destruí, las pisoteé y fui a mi entrenador para declararle en voz alta para que todos escucharan: «¡Renuncio! ¡Se acabó! ¡Decídase y reempláceme!».

Crucé furioso los terrenos universitarios, fui a mi cuarto en la residencia para estudiantes y me tiré boca abajo en mi cama. No podía aguantar más desgracia. No me importaba que jamás viera a una de estas personas. (Luego de este *show* realmente esperé nunca volverlos a ver). Sin saberlo en ese momento, uno de mis hermanos de la fraternidad fue testigo de mi desgracia. Corrió a un teléfono para llamar a mi entrenador de la escuela secundaria y le contó lo sucedido. Tan pronto como mi entrenador colgó, agarró las llaves y salió en su auto. Manejó durante *una hora y media* hasta mi universidad.

Yo no me había duchado ni me había cambiado la ropa. Seguía encerrado en mi cuarto, amargándome y andando de un lado para otro, cuando tocaron a mi puerta. Furioso, fui a abrirla. Y allí estaba Ken Ellinger, mi entrenador de la escuela secundaria. Me quedé boquiabierto y sin palabras. Le tenía una muy alta estima. Y ahora estaba allí, parado en mi puerta.

Me puso su mano sobre el pecho y con gentileza me empujó hacia el interior de mi cuarto y cerró la puerta. Señaló la cama y me dijo quietamente: «Siéntate, hijo».

Por supuesto, estaba tan aturdido que ni atinaba a hacer otra cosa.

Él no estaba enojado, ni condescendiente ni mezquino. Fue firme, insistente. Tenía autoridad.

«Groeschel, tú no eres un desertor. Escúchame. Tú no eres un desertor. ¿Me estás escuchando lo que te digo? Tú no eres un desertor. Tú no eres un desertor».

No me recriminó ni me insultó. No dijo cosas como: «¿Qué te pasa?» o «Debieras estar avergonzado de ti mismo». Tampoco dijo: «Qué pena, supe lo que pasó. ¡Lo siento mucho!»

Simplemente me dijo cómo serían las cosas. Me inspiró, pintó un cuadro de mi futuro con sus palabras. «Te prohíbo desertar. No invertí todo este tiempo para que desertaras. Tú no eres un desertor. Eres de los que terminan. Ahora mismo vete a la cancha. Discúlpate con tu entrenador, con tu equipo y con cualquier persona que todavía esté allí. Y termina lo que comenzamos. Tú vas a terminar lo que tú comenzaste. ¿Me entiendes?»

Asentí con mi cabeza obedientemente. «Sí, señor». ¿No era esto lo que debía hacer?

**Tú no eres un desertor. Eres de los que terminan.**

Y entonces hice exactamente lo que me dijo que hiciera. Froté mis ojos lagrimosos, lo dejé en el dormitorio y salí a buscar a mi entrenador. Este se sorprendió un poco al verme regresar. Antes que tuviera la oportunidad de detenerme, comencé a hablar: «Lo siento. Soy un idiota. Lo siento. Si me da otra oportunidad, prometo trabajar más que cualquier otro en el equipo. Trabajaré como nunca nadie ha trabajado. Lo siento mucho. Haré todo que me diga. Nunca volveré a hacer nada como esto. De nuevo, por favor, déjeme seguir, lo siento *mucho*».

Ya había renunciado. Ya me había alejado. Hubiera sido mucho más fácil no volver. Lo más difícil del mundo era quedarme. Pero quedarme era absolutamente lo correcto. Mi entrenador tuvo la gentileza de darme otra oportunidad. (Es posible que en parte fuera porque no tenía otro jugador que me reemplazara). En el pasado había tomado algunos atajos durante las prácticas. En lugar de dar cien por ciento, tal vez daba un noventa por ciento. Y no más. Pero todo esto cambió. Llegaba temprano y salía tarde. Hacía ejercicios durante los días que supuestamente eran libres. Trabajaba tanto como podía. Y, entonces, después de trabajar arduamente, en menos de dos años pasé la temporada normal invicto. Durante mi último año me nombraron el mejor atleta de la universidad. ¡Realmente estuvieron orgullosos de tenerme!

Pero esto no es lo mejor de la historia. Lo más importante fue que Dios usó a un hombre increíble, mi entrenador de la escuela secundaria, para sembrar en mí una verdad sencilla: a veces es mejor quedarse. No soy de los que se rinden. Con la ayuda de Dios soy de los que terminan.

¿Qué de usted? ¿Está Dios mostrándole algún aspecto de su vida en el cual Él quiere que usted se quede?

## 3.5 Terminar bien

Un día a usted se le presentará una disyuntiva en el camino. Y esa nueva dirección parecerá una ruta perfecta que tomar. Sin embargo, no importa lo agradable que parezca ser, es posible que Dios le guíe para que no se desvíe del curso.

Tal vez ahora usted está en la universidad y está pensando: *No puede lograrlo. Es muy caro. Es demasiado trabajo. Es muy difícil.* Muchos abandonarán el camino. Es posible que esto sea lo que usted debe hacer, siempre y cuando esté seguro que es el camino al que Dios le está llevando. Pero si Dios le está hablando, si usted está escuchando una voz suave y apacible que le dice: «Tú no eres un desertor. Tú eres de los que terminan», entonces póngase su anteojera y siga sin desviarse.

Consiga un segundo trabajo. Salga del plan universitario de cuatro años que le está dando una golpiza y en su lugar comprométase con un plan de siete años y medio, y siga fiel. Trimestre tras trimestre, siga en el surco, una clase allí, otras dos por acá, una clase veraniega por aquí. Un día se despertará y se dará cuenta de que ya tiene un título. Su historia será: «No fue fácil, pero hoy tengo un trabajo que no lo podría haber conseguido de no haber perseverado. No soy un desertor. Soy de los que terminan».

Tal vez sucedió algo en su iglesia que a usted no le gustó. Quizá alguien hizo algo muy contrario a semejarse a Cristo y esto retó su fe. Y ahora está pensando: *¿Cristianos? ¿Realmente? ¡Lo que sea! Son un montón de hipócritas. ¡Olvídelos!* Una vez alguien dijo que la iglesia sería una maravilla si no fuera por la gente. El problema es que la iglesia es un conjunto de personas y las personas son imperfectas. Y las personas imperfectas hacen difícil el quedarse.

Pero, ¿qué quiere Dios? Es posible que Dios quiera que su historia sea: «Alguien en la iglesia me hirió. En realidad, me hirió bastante. Pero con la ayuda de Dios pude hacer por ellos lo que Cristo hizo por mí: los perdoné. Logramos arreglar nuestras diferencias. Esto sucedió hace diez años. Hoy estamos espiritualmente en un lugar que nunca pensé que sería posible estar. Ahora no solo asistimos a la iglesia, *somos* la iglesia. Unidos hacemos una diferencia en este mundo. Hubiera sido mucho más fácil alejarme e irme. Pero hoy mi vida es diferente porque me quedé».

Tal vez usted esté lidiando con algo más serio. Es posible que esté tratando de comprender a Dios. Pasó algo que no puede entender, algo muy desagradable. Y desde entonces ha estado clamando a Dios: «¿No pudiste haber parado esto? ¿Por qué lo permitiste? Si vas a permitir cosas semejantes, no te necesito». Su historia podría ser que se alejó de Dios, como lo hicieron muchas personas antes que usted.

O su historia podría ser que decidió quedarse con Dios. Usted eligió aceptar que Dios no le dejará ni le desamparará, así que se quedó. Decidió confiar en Él y seguir hablando con Él. «No entiendo esto, Dios. Para mí no tiene sentido. Pero también sé que yo no soy tú. Sé que tus caminos son más altos que los míos. Decido creer en ti incluso durante esos momentos en que no siento tu presencia. Aun así, sé que tú estás aquí».

Después que pase un tiempo, quizá mirará atrás y al reflexionar en su historia, comprenderá que, aunque no lo sabía en el momento, Dios estaba usando precisamente lo que usted odiaba para reprogramarle, cambiarle y transformar su vida. Tal vez usted pensó que no sería posible, pero ha cambiado de una manera importante. Lo que el enemigo quería para mal, de alguna manera Dios lo usó para bien. Quizá su historia sea que usted aprendió a conocer a Dios y su fidelidad de una nueva manera. Quizá su historia sea que eligió vivir para Él y su gloria de una manera que nunca pensó que sería posible. Todo porque decidió permanecer con Dios.

A lo mejor ya ha sido fiel. Es posible que haya sido así durante mucho tiempo. Ha permanecido en el mismo aburrido trabajo y se siente fracasado. Ha estado criando a sus hijos, pero se siente como un fracasado. Ha estado atrapado en un matrimonio aburrido, y se siente como un fracasado de veinte años.

Sin embargo, a veces el mayor acto de fe es la fidelidad, quedarse donde ha estado plantado. Desde donde usted está parado en el campo, recogiendo granos sobrantes, es posible que todavía no pueda ver a su Booz. Pero, «No nos cansemos de hacer el bien, porque a su debido tiempo cosecharemos si no nos damos por vencidos» (Gálatas 6.9).

Una de mis historias favoritas acerca de permanecer viene de uno de mis mejores amigos: Bobby Gruenewald. Bobby comenzó y vendió dos empresas de tecnología antes de graduarse en la universidad. Es obvio que este tipo es superinteligente.

Bobby comenzó a trabajar como voluntario para la iglesia cuando andaba por sus veinte años, y al pasar el tiempo lo empleamos. Aunque su contribución a la iglesia era extraordinaria, él no creía estar marcando una diferencia importante. Así que Bobby consideró renunciar y volver al mundo de los negocios.

Para ser sincero, esto habría sido mucho más fácil. Como pastor, todavía tenía mucho que aprender. Hacer negocios era algo natural en él, pero por la gracia de Dios decidió quedarse. Y entre sus muchas contribuciones importantes Bobby creó la aplicación YouVersion Bible App, una idea que ha hecho más por la distribución de la Biblia que cualquier otra idea desde la invención de la máquina impresora.

> Así que, si está tentado a renunciar, asegúrese de buscar a Dios porque nunca se sabe qué podría hacer Él si usted tiene el valor de quedarse.

Así que, si está tentado a renunciar, asegúrese de buscar a Dios porque nunca se sabe qué podría hacer Él si usted tiene el valor de quedarse.

No se dé por vencido.

¡No... se dé... por vencido!

Escuche lo que Dios le está diciendo que Él quiere que usted haga.

A veces la decisión acertada es quedarse.

# 4 Vaya

No vaya por donde el camino lo pueda
llevar, más bien vaya por donde no hay
un camino y deje allí un sendero.

—RALPH WALDO EMERSON

*E*lla selló la última caja con la cinta de embalaje y se desplomó hasta el piso, recostándose contra la pared para descansar durante un momento. La luz solar de las últimas horas de la tarde se difundió por la ventana del piso superior, dejando ver una fina capa de polvo sobre la repisa de la ventana. No recordaba sentirse tan agotada, ni siquiera durante su residencia en el hospital en que los turnos de cuarenta y ocho horas sin dormir eran normales. Todavía le faltaban tantas cosas por hacer: cajas que enviar, muebles que amigos de la iglesia recogerían y las despedidas finales.

*Hacía más de un año que ella y Scott habían decidido mudarse a Haití, pero, al parecer, nadie lo tomó en serio. O sencillamente no podían comprender por qué una pareja ya sin hijos en la casa quería abandonar una bella casa, una práctica pediátrica floreciente y todos los lujos de una de las ciudades más hermosas del país. ¿Por qué abandonar una vida por la que tanto trabajaron solo para ir a uno de los países más pobres del mundo? ¿Un lugar sin electricidad estable? ¿Un lugar donde había más confianza en los curanderos que en la medicina moderna?*

*Pero había sido una decisión fácil. La gente siempre decía sobre ellos: «Oh, ellos sienten tanta pasión por las misiones». Pero ellos no lo consideraban así. No creían en las misiones como tales. Simplemente querían ayudar a las personas, especialmente a los más pobres, a satisfacer sus necesidades como el agua potable, comida fresca y los cuidados básicos de la salud. A ella le gustaba especialmente describir a su amigo Jesús a los niños y ver cómo sus ojos se iluminaban. Sobretodo quería que los niños supieran que Jesús los ama de verdad, no porque ella lo dijera, sino para que ellos pudieran experimentar su presencia mediante sencillos actos de servicio que el equipo médico estaría proveyendo. Sentía que era lo mínimo que podían hacer en agradecimiento por las innumerables maneras en que Dios los había bendecido a ellos y a su familia.*

*No podía imaginar retirarse para luego sentarse al lado de un campo de golf o piscina en algún lugar. Aunque ese estilo de vida no la molestaba (la gente en un club de campo también necesita a Jesús), ese no era el lugar a donde Dios los estaba llamando.*

*Escuchó la voz de Scott en la entrada.*

—¿Estás bien, querida?

Ella abrió sus ojos para ver a su esposo parado allí, mirándola. Ella sonrió y dijo:

—Sí, acabé de armar la última caja. Pensé celebrar con una pequeña siesta de diez minutos.

Él le devolvió la sonrisa y le dijo:

—Tienes que estar agotada, cariño. Hace días que no paras. —Él se recostó contra la pared donde ella estaba descansando y se deslizó hacia abajo, al lado de ella. Ella levantó su cabeza para que él pudiera pasar su brazo por encima de los hombros. Ella recostó su cabeza sobre los hombros de él y descansó una mano sobre el pecho de su esposo.

—¿Estás seguro que te sientes cómodo con todo esto?, —preguntó ella suavemente.

Él se sonrió todavía más.

—Pensé que ambos habíamos acordado que ya no hablaríamos más acerca de este tema. Estoy tan seguro acerca de esto como de cualquier otra cosa que hayamos hecho. Cuando Dios te llama para ir a un lugar y luego llama a tu cónyuge al mismo sitio... Pues, a mí me parece bastante obvio que irán juntos.

Ella no quería reírse, pero no pudo evitarlo. Él siempre la hacía reír, hasta cuando quería ser serio, especialmente en esos momentos. Ella levantó su cabeza para mirarlo a la cara. Las esquinas de sus ojos parpadearon, hinchados con lágrimas que todavía no caían.

—Esto va a ser difícil —le dijo—, más difícil de lo que imaginamos. ¿Recuerdas el verano pasado, cuando fuimos a...?

—Sí —la interrumpió él—. ¿Recuerdas aquel tipo que estaba allí contigo? Ese era yo. Para nosotros es difícil. Para

*Dios es fácil. Además, a Él le gusta que hagamos cosas difíciles. Nos hace seguir confiando en Él, hablar con Él, a toda hora, todos los días. Y eso es lo que a nosotros también nos gusta, ¿recuerdas?*

*Ella pensó que no podría amar más a este hombre de lo que ya lo amaba, y entonces él decía cosas como estas.*

—*Sí* —susurró ella.

## 4.1 ¿Quién necesita una Biblia?

Recuerdo vívidamente el primer paso de fe que tomé hacia a Dios. Estaba en el segundo año de la universidad y todavía no era un seguidor de Cristo, estaba lejos de esto. Ese año yo era el vicepresidente de la sección de mi fraternidad y estábamos en un aprieto debido a nuestra escandalosa conducta. El lío era tan grande que la universidad estuvo considerando cerrar nuestra sección.

La fraternidad ya había tenido algunas reuniones para considerar cómo podríamos apaciguar a todo el mundo, pero ninguno de nosotros realmente tuvo una buena idea. Hacía un tiempo que yo venía considerando cómo podría comenzar a explorar de qué se trataba Dios y de repente comprendí que se había presentado la oportunidad de matar dos pájaros de un tiro. Así que fui a mis compañeros tomadores con una propuesta radical.

—Escuchen, hermanos, creo que sé lo que debemos hacer. ¡Vamos a comenzar un estudio bíblico!

Algunos de los miembros refunfuñaron y pusieron sus ojos en blanco.

—¿Qué estás fumando, Groeschel? ¡De ninguna manera, hombre!

—No, de verdad, estoy hablando en serio —insistí—. Considérenlo, realmente necesitamos un movimiento en nuestras relaciones públicas, ¿no es verdad? ¿Qué pudiera mejorar nuestra imagen más que iniciar un estudio bíblico?

El repudio fue inmediato.

—Nadie va a dejarse engañar con esto. Y, además, ninguno de nosotros *queremos* hacerlo. ¿Un estudio de la Biblia? ¿Estás loco?

Pero ser vicepresidente tiene sus ventajas.

—No, no lo estoy. ¡Y *sí*, lo vamos hacer! Comenzaremos el martes por la noche a las siete. Esta semana tendremos nuestro primer estudio bíblico.

Ellos no estaban contentos, pero sabían que yo no iba a retroceder. Por desgracia, no fue hasta el mediodía del martes que se me ocurrió pensar que me faltaba un prerrequisito para dirigir un estudio bíblico: no tenía una Biblia. Hoy damos por sentado que podemos bajar una app gratis con la Biblia (como YouVision, por ejemplo) y ahí podemos elegir entre centenares de versiones. Pero aquel día no se me ocurría pensar en otra cosa que no fuera: *¿Adónde voy a conseguir una Biblia antes de esta noche?* Todavía iba mascullando mientras caminaba por la universidad hasta mi clase cuando vi a un caballero mayor de edad caminando por la acera hacia a mí. Vestía un traje, corbata y tenía una amplia y cálida sonrisa. Al acercarse, nuestros ojos se encontraron y él me dijo: «Joven, ¿le gustaría una Biblia gratis?».

Sentí que mi cerebro hervía. *¿Cómo podría este hombre saber que yo necesitaba una Biblia? ¿Parezco que necesito* *una Biblia? ¿Será tan obvio?* De una manera impulsiva le dije algo como: «Oh, sí. Sí, por favor. Necesito una Biblia».

Me entregó una pequeña Biblia rústica que cabía en mi bolsillo y se alejó de mí todavía mostrando una sonrisa. Más tarde supe que este hombre era un Gedeón, un voluntario de los Gedeones Internacionales, una organización que distribuye Biblias gratis por todo el mundo. (Si alguna vez ha mirado en una gaveta del tocador de un hotel, es probable que haya visto el fruto de la labor de ellos).

Así de fácil Dios me proporcionó la Biblia que me hacía falta, aunque todavía no lo conocía. Unas pocas horas más tarde caminé hasta mi primer estudio bíblico con mi nueva Biblia en mano, y allí me esperaban siete de mis compañeros, todos incrédulos. Si Dios pudo suplirme una Biblia con tanta facilidad, ansiaba ver qué tendría Él guardado para nosotros durante esta pequeña reunión.

## 4.2 Alerta de *spoiler*

Aquel primer estudio bíblico fue totalmente terrible, por lo menos en cuanto a que fuera bíblicamente apropiado. (Los próximos no fueron mucho mejor). Nuestras oraciones durante estas reuniones eran casi un sacrilegio. Sencillamente no sabíamos cómo orar. Visualizo a Dios dándose unas palmadas en su frente ante algunas de las cosas que sinceramente pedimos de Él. Nos acercábamos confiadamente a su trono con joyas como las siguientes:

«Eh, ¿Dios? Este fin de semana, cuando vayamos a la fiesta, ¿nos puedes cuidar? No permitas que alguien mate a alguno de nosotros. ¿Está bien? Eh, bien».

«Oye, Dios, no dejes que la amiga de Spiff salga embarazada. ¡Uf, gracias! Creo que eso es todo por hoy».

Sí, realmente estas eran las cosas que pedíamos. No sabíamos hacer algo mejor.

Como nunca antes había dirigido un estudio bíblico, no estaba seguro del protocolo. Todos estuvimos de acuerdo en que debíamos leer por lo menos una porción de la Biblia. Teníamos otro joven que trajo su Biblia, así que decidimos tomar turnos en la lectura en voz alta y detenernos de vez en cuando para comentar lo que habíamos leído. Me ofrecí para ser el primero en leer, así que los dos abrimos nuestras Biblias al principio.

La primera vez leímos Mateo 1, pero para ser honesto, fue bastante aburrido; era mayormente una larga lista de nombres improbables. También había una bonita historia acerca de un ángel que vino a un tipo mediante el sueño para decirle que no se debía divorciar de su esposa encinta. Pero cuando leímos que su pequeño bebé nació y que lo nombraron «Jesús», todos pensamos: *Oye, ¡apuesto a que era ese Jesús!* De modo que tuvimos una buena charla acerca de esto.

Después de este primer estudio tenía tanto entusiasmo que me costaba esperar el próximo, así que me adelanté leyendo. Leí todo el libro de Mateo. Casi al final mataron a Jesús y lo enterraron, pero Él volvió a la vida. (En realidad, yo sabía esta parte). Seguí leyendo el libro de Marcos, el próximo evangelio, y ahí ¡volvieron a matar a Jesús!

Recuerdo que pensé: ¡*Caramba*! ¡*No sabía que esto hubiera pasado dos veces!* (Confieso que esto es cierto). Estaba confundido, pero seguí leyendo Lucas, y —alerta de *spoiler*— ¡sucedió otra vez! Pensé: *Oye, luego de dos veces era para que ya supiera que esto venía.* (No tenía ni idea de que era la misma historia contada de diferentes maneras). Pero ya estaba enganchado. No podía parar. Así que seguí leyendo y leyendo.

Aquella primera noche llegué hasta Efesios. Y allí, en el capítulo dos, se me encendió el bombillo. «Por gracia ustedes han sido salvados mediante la fe; esto no procede de ustedes, sino que es el regalo de Dios, no por obras» (Efesios 2.8, 9).

Entregué mi corazón a Dios de la mejor manera que supe hacerlo, y el cambio fue absoluto, total y radical. ¿Le es posible entender cuán loco fue que yo terminara convirtiéndome en un cristiano? Entre mi mezcla de motivos (en el mejor de los casos), Dios me guio a un encuentro con la irresistible verdad de su Hijo.

Piénselo. ¿Qué sucedió en ese momento? ¿Qué significó?

Significa que ahora mismo, en *este* momento, mientras escribo esto, puedo encontrar el origen de estas mismas palabras que usted está leyendo ahora en aquella decisión que tomé una vez, hace años, de comenzar ese estudio bíblico. Dios se encontró conmigo precisamente donde yo estaba. Me envió una Biblia mediante otra persona que escogió obedecer el llamado de Dios para regalar Biblias. No puedo imaginar cuán diferente hubiera sido mi historia de no haber encontrado la fe para seguir adelante y comenzar aquel estudio bíblico. Luego de aquel paso de fe, me acerqué más y más a Dios y a la historia de la que Él quería ser coautor acerca de mi vida. Cada vez que estuve dispuesto a tomar un riesgo, ir a un lugar y hacer algo nuevo, temeroso o incierto, aprendí a confiar más y más en Dios. A veces la mejor decisión que uno puede tomar es ir, aunque parezca más fácil permanecer donde uno está.

## 4.3 Hora de salir

¿Y qué de usted? ¿Siente que sucede algo nuevo en su vida? ¿Siente en el viento el olor de un cambio? Aunque en este momento no sintiera nada diferente, siempre es una buena idea mantener listo su corazón para un cambio porque nos sucede a todos: un nuevo paso de fe, una nueva aventura, una nueva oportunidad.

Usted encarará algo nuevo o diferente, tal vez algo completamente inesperado. Es imposible evitar el cambio. A veces el llamado es para no ceder terreno cuando se produzca el cambio, pero muchas veces necesitamos correr el riesgo. Tal vez Dios ha sembrado en usted un deseo inquieto para servirle de una manera inesperada. Quizá le ha dado una carga por un grupo específico de personas o habitantes de un lugar en particular. A lo mejor le está llamando a ir. Siga esta corazonada y mire hacia dónde le lleva. Dé este salto de fe. Acepte la aventura. La mejor manera de dar un gran salto es comenzar a correr desde antes.

> A veces la mejor decisión que uno puede tomar es ir, aunque parezca más fácil permanecer donde uno está.

Hay una gran historia en el Antiguo Testamento acerca de Abram y Sarai (quienes más tarde recibieron nuevos nombres: Abraham y Sara). Esta historia ilustra perfectamente esta clase de cambio. En Génesis 12 Dios habla con Abram. En ese momento Abram vivía en un pueblo llamado Harán, pero originalmente él era de una ciudad llamada Ur de los Caldeos. En su ciudad natal de Ur, el pueblo adoraba a Nannar, un dios falso de la luna.

Lo importante aquí es que el único y verdadero Dios eligió revelarse a Abram, un tipo cuya única experiencia en la religión era ver a la gente adorar la luna. Dios le dio una orden muy sencilla y directa: Aléjate de todo lo que hayas conocido. «*Deja* tu tierra, tus parientes y la casa de tu padre, *y vete a la tierra que te mostraré*» (Génesis 12.1, énfasis del autor).

Salga y váyase.

Tal vez sea obvio, pero para ir a otro lugar hay que dejar el lugar donde uno está. Para ir a otra parte hay que dejar lo conocido, lo cómodo, lo predecible y lo que es fácil. Al dar un paso hacia su destino, es probable que usted esté dando un paso lejos de la seguridad.

> Al dar un paso hacia su destino, es probable que usted esté dando un paso lejos de la seguridad.

Imagine las cosas que estarían pasando por la mente de Abram. *Pero, Dios, ¡he vivido aquí durante años! Me mudé para acá con mi papá. Esta es mi casa. Me gusta este lugar. Todos mis amigos están aquí. Casi tengo la casa pagada. Las escuelas son geniales. (Yo sé que Sarai y yo nunca tendremos hijos, pero con todo...). Mi mejor amigo vive en la misma calle que yo. Allí es donde me pelo. Acicalo a mis camellos al*

*doblar la esquina, y le tengo mucha confianza a este socio.*
*¡No quiero irme!*

Abram tenía todas estas cosas a las que estaba acostumbrado, una vida cómoda, y aquí viene Dios, llamándole a ir a un lugar que no conoce. Pero Dios le hace una tremenda promesa a Abram. Le dice: «Haré de ti una nación grande, y te bendeciré; haré famoso tu nombre, y serás una bendición. Bendeciré a los que te bendigan; y maldeciré a los que te maldigan; ¡por medio de ti serán bendecidas todas las familias de la tierra!» (Génesis 12.2, 3).

Me imagino a Abram respondiéndole a Dios: «¿Qué dijiste? ¿Que una gran *nación* saldrá de nosotros? Dios, quizá no te diste cuenta de esto, pero mira, no tenemos hijos. Ninguno. No tenemos prole. Por supuesto, durante años lo hemos intentado, y los intentos fueron divertidos, pero nunca tuvimos resultados. Ahora ya tengo setenta y cinco años. Realmente ya es muy tarde para nosotros. A estas alturas es seguro que no podremos comenzar una familia, ¿y tú me dices que nos vas a convertir en una *nación* grande?».

Me pregunto si alguna vez usted le ha hecho una promesa a Dios como se la he hecho yo.

- «Dios, si me ayudas a pasar este examen, prometo que estudiaré para el próximo».
- «Dios, si evitas que me agarren, jamás haré semejante cosa. Lo prometo».
- «Señor, si me ayudas a terminar este gran proyecto, te prometo comenzar más temprano la próxima vez».

No sé acerca de usted, pero la mayoría de las promesas que le hice a Dios no duraron. Eso es porque las promesas que le hacemos a Dios no nos cambian; lo que nos cambia es creer en las promesas que Dios nos hace a nosotros.

Veamos el versículo 4 para saber qué le pasó a Abram luego que Dios le hiciera su promesa: «Abram partió, tal como el SEÑOR se lo había ordenado». Así de sencillo. Abram hizo exactamente lo que Dios le ordenó. Pero, ¿qué si no lo hubiera hecho? ¿Qué si en su lugar Abram hubiera intentado racionalizarlo todo? ¿Qué pudo haber pasado?

Hoy, debido a la tradición del Antiguo Testamento, a veces nos referimos a Dios como «el Dios de Abraham, Isaac y Jacob». Si Abram no hubiera ido, más tarde Dios no le hubiera cambiado su nombre a «Abraham» cuando hizo un pacto con él (Génesis 17). No hubiera habido un Isaac. Ni un Jacob. No conoceríamos a Dios como «el Dios de Abraham» porque Abram hubiera seguido adorando a Nannar, su viejo dios de la luna.

Si Abram no hubiera tenido la fe para obedecer a Dios, ¿quién sabe qué consecuencias estaríamos viviendo hoy? Al pasar el tiempo, ¿habría llamado Dios a otro en lugar de Abram? ¿Nos referiríamos a Él llamándole «el Dios de Carlos, Alexis y Javier»? ¡Imposible saber esto! Gracias a Dios, Abram tuvo fe en el único y verdadero Dios y, por lo tanto, nosotros no tenemos que saber qué hubiera sucedido. ¿Adónde le está llamando Dios para aventurarse en un territorio nuevo?

# 4.4 Una persona realmente emprendedora

Como a nuestro emprendedor Abraham, vendrá un capítulo en su vida cuando sentirá que hay algo nuevo, algo diferente que Dios quiere que usted haga. Usted sabrá que hay un lugar a donde tiene que ir, pero tendrá que dejar el lugar donde está para llegar al nuevo lugar. Si no tiene fe para ir, si permite que sus temores le dejen donde está, no sabrá las bendiciones que va a perder.

Esto es lo que quiero decir: si va, descubrirá qué sucederá. Pero si no va, nunca sabrá lo que pudo haber sucedido. La diferencia es una sensación torpe y latosa que la mayoría llama pesar.

Así que aquí estamos de nuevo. Es hora de preguntarse, ¿qué quiere Dios que usted quiera? Si va a permitir que Jesús sea el autor de su historia, ¿qué necesita cambiar? (Recuerde: la dirección y no la intención es la que determina el destino. ¿Quiere una historia mejor? Entonces, decídase *hoy*). Dé un paso atrás de sus circunstancias y trate de ver su vida de una manera objetiva, desde una perspectiva de «pantalla grande».

Ahora, basado en lo que Dios quiere que usted quiera, ¿cuál será el próximo paso de fe que necesita tomar? Aunque sea más fácil quedarse, ¿qué lo pondrá en movimiento?

Ilustraré esto al decirle qué sucedió justo después que leí Efesios 2 y le entregué mi vida a Cristo en la universidad. La universidad a la que asistía era relativamente pequeña y, como ya dije, yo me involucré en las actividades, especialmente si tenían que ver con fiestas. Muchas personas en la universidad me conocían como ese tipo de persona. Así que cuando me convertí en creyente, encaré un problema. Aunque sabía que Dios me había cambiado desde adentro, por fuera seguía teniendo esta fama.

Hasta que un día leí en Mateo 10.32 que, si reconocía a Jesús ante los demás, Él me reconocería delante de su Padre. Entonces, el siguiente versículo decía que, si le desconocía delante de los otros, Él tampoco me reconocería delante de su Padre. Lo que esto me decía era que necesitaba reconocer mi fe en público.

Por supuesto, yo no *quería* hacerlo. Había visto cómo mis amigos se burlaban de otros cristianos. Sabía que se burlarían de mí y que esto me costaría perder a muchos de mis amigos. Era más fácil dejar las cosas como estaban y mantener mi fe en silencio y más personal, pero esto no habría contado la historia que Dios quería que yo contara. Era hora de hacer pública mi fe.

Ahora reconozco, al mirar atrás, que mi manera de hacerlo fue un poco rara. En aquel entonces se podía comprar toda clase de camisetas cristianas que tenían dichos y diseños trillados. Así que decidí que llevar el nombre de mi Salvador Jesús en mi pecho sería una gran manera de dejar saber a todos que yo era diferente. ¡Y esto sí que funcionó! El primer día que entré a la concurrida cafetería con mi camiseta cristiana, la gente comenzó a reírse y a apuntarme. Escuché algunas de las cosas que decían:

- «¿Qué pasa con Groeschel? ¿Es una broma?»
- «Creo que ahora tiene un fanatismo religioso».
- «Sí, está pasando una fase temporal de exceso de Jesús. De ninguna manera durará».

Lo que sucedió era exactamente lo que imaginé que sucedería. La gente se burló de mí, en mi cara y a mis espaldas. Muchos de mis amigos no querían tener nada que ver conmigo. Fue bochornoso e hirió mis sentimientos.

Pero fue una gran experiencia para mí. (Aunque por extraño que parezca no tenía cómo saberlo en el momento). No solo aprendí cómo quedarme comprometido con Dios, sino también cómo desarrollar el sentido del humor. Y a pesar de lo mucho que me desagradaban las burlas, me prepararon para la actualidad. Fue así porque cuando uno se declara atrevidamente a favor de Jesús, vivir con las críticas es parte de la descripción del trabajo. Lo que experimenté hace años me ayudó a prepararme para lidiar con personas a las que no les gusta lo que hago hoy. *Aquella* parte de la historia fortaleció la parte *actual* de mi historia.

## 4.5 Uno y cuatro

Si adelanto mi historia unos años, después de mis días de ministerio de evangelismo mediante una camiseta, llegaremos a la parte de mi historia que le conté cuando fui pastor de solteros en una iglesia metodista. Como recordará, luego de cometer algunos errores (bueno, tal vez más que algunos), la junta quería botarme, pero mi mentor me ayudó a ver la necesidad de quedarme.

Pues la saga continuó. Me quedé cuatro años más. Y la espera fue tan difícil como esperaba. Pero durante ese tiempo Amy y yo, junto con algunos otros, comenzamos un ministerio urbano. Nuestra iglesia creció y las vidas se transformaban a medida que las personas se encontraban con Jesús mediante una variedad de ministerios que brindamos a la comunidad. Maduramos en la fe y dimos gracias a Dios por habernos quedado, aunque estuvimos tentados a darnos por vencidos.

Entonces sucedió algo inesperado. Tanto Amy como yo comenzamos a sentir que Dios nos estaba llevando a iniciar una nueva iglesia. Con toda honestidad digo que esta fue la cosa más loca que podíamos hacer. ¿Por qué salir? ¡Lo que estábamos haciendo funcionaba! ¿Por qué perder todo esto? No queríamos hacerlo. Nos encantaba estar donde estábamos. Y también estábamos encantados con todos los que venían. Queríamos al personal y era una bendición trabajar con ellos.

Mi pastor hasta me dijo que yo era como un hijo para él. Una vez me llevó a un lado para decirme: «Craig, en unos pocos años me voy a retirar y cuando lo haga, espero que tú aceptes ser el pastor principal». Este era el mayor elogio que yo podía imaginar. Este hombre era como un padre espiritual para mí. Aquella iglesia nos crio. Éramos felices. Estábamos cómodos. Las cosas eran inmejorables. Lo más fácil del mundo habría sido quedarnos. Pero realmente creímos que Dios nos estaba llamando a salir.

Así que dimos el próximo paso de fe con nada, excepto nuestra fe. Casi no teníamos recursos. Ni sillas, ni púlpito, ni instrumentos musicales, ni platos para las ofrendas. El edificio para el templo era nuestro garaje para dos carros. Lo único que teníamos era un retroproyector. (Si usted nació después de 1980, es probable que no sepa qué es eso. Considérelo como una tecnología primitiva). Teníamos un voluntario, Jerónimo, que cambiaba las transparencias (algo parecido a pasar fotos en un teléfono celular) durante el tiempo de adoración.

Jerónimo había sido un traficante de drogas que recientemente había dejado todo eso luego de venir a Cristo. Por desgracia, antes de convertirse en un creyente, perdió uno de sus dedos luego de recibir un tiro durante una transacción de drogas que terminó mal. Cuando comenzamos nuestra iglesia, lo único que teníamos era un retroproyector y un cambiador de transparencias con cuatro dedos. Soy incapaz de inventar estas cosas.

No queríamos irnos.

A nadie le gusta comenzar algo así.

Pero estaba claro que Dios quería que nos fuéramos.

## 4.6 Nos vamos, nos vamos, nos fuimos

¿Adónde le está llamando Dios a ir? ¿Quiere que guíe a otros espiritualmente, tal vez hasta comenzar un grupo pequeño? Quizá tema que nadie asistiría. A lo mejor piensa que usted no es lo suficientemente bueno como para hacer algo semejante. Ni tiene idea de qué hablarían. Pero aquí está la cosa: si no hace la prueba, nunca sabrá lo que pudiera haber sucedido.

Si Dios está dispuesto a llamarle para ir, tendrá que ausentarse del lugar donde está. Y es seguro que no querrá perder lo que Él está haciendo. Años más tarde podrá revisar esta temporada en su vida y darse cuenta de que: «Esto sucedió el día en que cambió mi historia. No estuve seguro de lo que estaba haciendo, pero decidí que eso era lo que

> Si Dios lo está llamando a irse, tendrá que ausentarse del lugar en donde está.

Dios quería y ahora soy miembro de esta gran comunidad de creyentes. No tenía idea de cuán diferentes serían nuestras vidas».

¿Qué si Dios lo está llamando a participar en un ministerio o incluso comenzar un ministerio nuevo? Solo unos meses más tarde podrá descubrirse contando su historia:

- «Me impresiona saber cuánto ha cambiado mi vida desde que sirvo a algunos jóvenes urbanos».
- «Nunca habría adivinado lo mucho que podía ofrecer a los jóvenes de mi iglesia».
- «Siempre pensé que debía ayudar a arreglar los autos de personas necesitadas. Ni sé cómo sucedió, pero comencé a arreglar los autos de personas necesitadas durante los fines de semana y pronto tuve un montón de personas ayudándome. Ahora lo pasamos muy bien y hacemos un impacto en las vidas de las familias que servimos».

Nada de esto sucedería si no se da el primer paso.

¿Hay un libro que arde en su interior? Libere ese libro. Tome el primer paso. Deje de inventar excusas. Comience por escribir algunas notas y organice sus ideas durante el tiempo libre del almuerzo. Después, por las tardes y durante los fines de semana, encienda su computadora portátil y escriba.

¿Hay un trabajo que siempre se ha preguntado si podría obtener, pero ha temido que no lo coloquen? Tome un paso de fe. Llame a un amigo que tenga la habilidad de hacer el currículum vitae y ofrézcale llevarlo a cenar si le ayuda a preparar el currículo. Después abra la puerta y pida una entrevista. Es cierto que tal vez no obtenga el trabajo, pero si no hace el intento nunca lo sabrá. Hay que dar el primer paso para saberlo. Para llegar a un lugar hay que alejarse de donde uno está.

¿Tiene ideas para los negocios? Investigue en la Internet cómo escribir en una hoja un plan de negocios. Entonces hágalo. Años más tardes su historia pudiera ser: «Comenzamos con nada más que una idea. Pero seguimos a Dios y Él abrió puertas y nos mandó oportunidades. Nuestras vidas cambiaron porque tomamos un paso y aceptamos el riesgo cuando Él nos dirigió».

¿Siente compasión por los niños en circunstancias difíciles? Quizá Dios le está llamando a adoptar uno. Usted puede cambiar el árbol genealógico de un niño. O quizá Dios le esté llamando a ser un padre adoptivo temporal. Si es así, no hay límites. Usted podría estar alcanzando las vidas de unos niños y transformar el futuro de innumerables familias.

Cualquier cosa que deba hacer, anótelo como un recordatorio de lo que su corazón ya sabe.

Yo sé cómo se siente uno cuando comenzamos a hacernos preguntas. «Dios, tengo miedo. ¡Necesito detalles! ¿Qué sucederá? Lo que me pides que haga parece difícil».

Y Dios puede contestar: «En primer lugar, no doy a mis hijos un espíritu de temor, así que esto no viene de mi parte. No necesitas detalles. Necesitas fe. Y sí, será difícil. Pero no te he llamado a vivir una vida cómoda. Te he llamado a vivir una vida llena de fe. Confía en mí. Deja los detalles en mis manos. Soy bastante bueno en eso».

Amy, mi esposa, experimentó la fidelidad de Dios hace algunos años luego de dar un paso gigantesco de fe. Después de emplear un tiempo con víctimas del trato humano, Amy creyó que debía abrir un hogar de transición para mujeres que estaban tratando de librarse del abuso y de otras dificultades. Pero cada consejo que recibía era que no debía hacerlo. No sabía mucho acerca de esta clase de hogar, además, la tasa de éxito con estas mujeres es muy baja. Hay obstáculos burocráticos. Y la lista de razones para no seguir adelante crecía todos los días.

Pero Amy creía que debía dar este paso de fe. Así que, sin dinero, personal, ni casa, ella invitó a personas que pudieran tener interés y una visión compartida para ayudar a mujeres marginadas. Unos días más tarde alguien sugirió que visitáramos una casa que estaban alquilando. Cuando entramos a la casa vimos a una señora, Janet, a quien conocíamos de la iglesia. Janet había acabado de remodelar esta casa más vieja como un proyecto para alquilar sin saber que estaría convirtiéndola en la casa perfecta para el proyecto de Amy. Estaba en el vecindario perfecto. Tenía el número correcto de habitaciones y la distribución ideal. Además, estaba amueblada. Janet explicó que, aunque quería alquilar la casa, sintió la obligación de amueblarla con la esperanza de ayudar a posibles inquilinos necesitados. Luego de escuchar la visión de Amy para ayudar a mujeres, Janet comenzó a llorar. Después de orar durante un tiempo nos dijo que quería donar la casa al ministerio. Jamás olvidaré el momento en que nos lo dijo. Ella lloró. Nosotros lloramos. Hasta el hombre que vino una semana más tarde para arreglar algo lloró luego de escuchar la historia.

Cuando Amy tomó un paso de fe, Dios cubrió una necesidad de una manera que nunca hubiéramos podido predecir ni soñar. Hace poco celebramos otro aniversario de la casa Branch15, que ha estado sirviendo a mujeres de una manera eficiente durante su tercer año consecutivo.

Es posible que usted esté en un sitio similar al de Amy. Dé su paso de fe. Vaya, aunque sea más fácil no hacer nada. Aventúrese a ir adonde Dios le está llamando, a pesar de lo que otros digan. Confíe los detalles en sus manos.

## 4.7 Fe y adelante

¿Por qué son tan difíciles estos pasos de fe, especialmente al inicio? ¿Por qué somos tantos los que no vamos, incluso cuando pensamos que debiéramos hacerlo? Aunque somos cristianos y estamos buscando a Dios y pidiendo que su Espíritu nos guíe y aunque sentimos algo en lo profundo de nuestro ser que nos está instando a ir y sinceramente creemos que es la voz de Dios, ¿qué nos impide ir? No sé cuál sea su caso, pero cuando me sucede a mí, es porque tengo miedo. Estoy inseguro. No sé cómo se van a resolver las cosas. Racionalizo la manera de escapar, diciendo que podré hacerlo más tarde.

Pero estas no son más que excusas. La verdadera razón es que no tengo fe. Aquí está por qué es un gran problema: «En realidad, sin fe es imposible agradar a Dios, ya que cualquiera que se acerca a Dios tiene que creer que él existe y que recompensa a quienes lo buscan» (Hebreos 11.6). Usted quiere agradar a Dios. Cree que existe. Ha estado buscándolo. Le ha pedido su dirección. ¡Ahora necesita aplicar su fe! Dé ese paso, haga un cambio, salga de su zona de comodidad, arriésguese a fallar y a comenzar de nuevo, pero ejercite la fe en el Dios que le ama tanto que entregó a su Hijo por usted.

Quizá esté pensando: *Simplemente no tengo esta clase de fe. A ciencia cierta no tengo esa fe como para terminar algo como lo que Él me está llamando a hacer.* Entonces tengo una tremenda noticia para usted: no hay que tener fe para *terminar*, solo necesita tener suficiente fe para comenzar. Solo necesita suficiente fe para dar un paso. El primero.

Le aseguro que hace veinte años yo no tenía la fe para imaginar lo que nuestra iglesia llegaría a ser. Nunca me imaginé escribir este libro para usted. Solo tuve suficiente fe para conectar el retroproyector y librar mi ayudante de cuatro dedos. Esa era toda la fe que yo tenía.

> **No hay que tener fe para *terminar*; solo necesita tener suficiente fe para comenzar. Solo necesita suficiente fe para dar un paso. El primero.**

Dé el primer paso. Permita que Dios haga el resto. De todos modos, Él quiere hacerlo. Esto no se trata de usted. Se trata de Él. Él es quien está relatando la historia. Él es el autor. Él es el perfeccionador de la fe suya.

Quién sabe adónde Él llevará la historia, si usted se lo permite. Aquí está como saberlo: dé ese primer paso y luego siga adelante. Un día, años más tarde, volverá a mirar atrás, a su vida, y verá la historia completa. ¿Qué será?

«Sentí que Dios me llamaba, pero tenía miedo y no hice nada».

O su historia será: «Sentí que Dios me estaba llamando para hacer algo, y aunque habría sido más fácil quedarme, fui por fe».

A usted le toca escoger. ¿Cuál será su decisión? Oro que por fe usted tenga la valentía de comenzar una disciplina que cambie la dirección de su historia. Oro que por fe usted pondrá fin a lo que impide que su historia sea lo que Dios quiere que sea. Oro que por fe usted tenga el valor de perseverar y ser fiel donde esté, incluso aunque habría sido más fácil darse por vencido y abandonar el intento. Y oro, que cuando el momento sea oportuno y Dios le llame, usted tenga fe para ir, aunque sea más fácil quedarse.

Solo dé el primer paso.

# 5 Sirva

La mejor manera de encontrarse a usted mismo
es perderse en el servicio a los demás.

— GANDHI

*U*n sol tropical ardía a través de la colina. Shari susurró una breve oración de acción de gracias por la sombra del pabellón y la fuerte brisa que pasaba. Ya era por la tarde, pero todavía había una larga fila de personas a la entrada que, a pesar de tener caras estoicas, sus ojos pardos destellaban esperanza. Shari no sabía el idioma, aunque a veces captaba algunas frases que reconocía gracias a las clases de francés que tomó en la secundaria. No importaba, su corazón no necesitaba un traductor para comprender el desespero que comunicaban las madres adolescentes, cada una llevando tres bebés, o de los ancianos cubiertos de sarna.*

*Al principio Shari se sintió tímida, insegura, sin saber qué debía hacer y mucho menos cómo hacerlo. Se sintió incompetente, avergonzada e innecesaria mientras en unas tacitas de papel servía agua proveniente de un jarrón que ella llenó luego de encontrarlo en un armario de los conserjes.*

*Entonces uno de los médicos le pidió que cargara a uno de los bebés, una joya preciosa vestida con una ropa de playa con vuelos, mientras pesaba a la madre. La pequeña le sonrió, parpadeando. En los brazos de Shari el cuerpo febril de la bebé estaba tan flácido como un cálido paño de lavar platos. El médico le indicó a Shari que acostara a la criatura en la balanza para pesarla. En un momento la lectura digital pasó números hasta detenerse en 6.4 kilos. Con cuidado Shari devolvió la bebé a su madre. Se sonrieron y luego la mamá dijo algo que Shari comprendió que eran unas palabras de agradecimiento, aunque no las entendió. La madre dio una vuelta y se alejó. Shari dio un vistazo a la planilla de ingreso para ver si podía entender el motivo de la visita. De repente sintió que se desvanecía, como si en un instante todo el oxígeno se le escapara de su cuerpo. La pequeña casi tenía tres años de edad.*

*Momentos así, y había muchos de estos, rompían el corazón de Shari al mismo tiempo que también lo fortalecían. Solo había estado allí tres días, y ya se sentía emocionalmente agotada. Vacilaba entre sentir irritación con Teresa por haberla convencido a ir o gratitud porque sabía que jamás podría olvidar al pueblo gentil que vivía aquí y su profunda necesidad de cosas que Shari siempre daba por sentado: agua potable, comida saludable, atención sanitaria básica.*

*La visita de Shari la transformó. Aprendió de primera mano que servir a otros no es solo un gesto de amabilidad cuando se dispone de tiempo, sino una llamada urgente del corazón de Dios. Aunque sabía que un día volvería a esta tierra empobrecida, también reconoció que todos tenemos necesidades y que en su tierra natal había muchas personas a quienes servir. Pero su mayor descubrimiento fue la paradoja que al verterse en servicio, se le llenaba el corazón hasta derramarse. Allí, bajo el sol ardiente, Shari se conoció a sí misma.*

## 5.1 Cómo son sus mejores decisiones

A menudo es fácil tomar buenas decisiones. Sin embargo, por lo general sus mejores decisiones son mucho más difíciles. Pueden motivar que usted luche entre lo que parece ser seguro y cómodo y lo que parece ser arriesgado e incierto. A veces le pueden desafiar porque usted enfrenta varias buenas opciones, pero lucha para saber cuál es la mejor. O pueden tener un elevado costo en comparación con otras opciones más fáciles. Sus mejores decisiones pueden desafiar la lógica o en ocasiones ir en contra de las recomendaciones de los que le rodean.

> Si usted está caminando cerca a Dios, Él guardará sus pisadas y le guiará.

Sin embargo, no hay que sentir pánico. Si usted está caminando cerca a Dios, Él guardará sus pisadas y le guiará. Aunque tropiece y se caiga en una zanja, se desvíe o se estanque, Él puede redimir sus malas decisiones con resultados positivos.

Así de bueno es nuestro Dios.

Tal vez esté pensando: *Un momento, Craig, ¿no le quita esto importancia a lo que ha estado diciendo en este libro? ¿Si Dios puede trabajar mediante todas mis decisiones, entonces, cómo sé cuándo empezar, parar, quedarme o irme? Y, ¿realmente tiene alguna importancia lo que yo decida hacer?*

Por supuesto que importa porque como hemos visto en capítulos anteriores nuestras decisiones tienen consecuencias que moldean nuestras vidas y las vidas de los que nos rodean. Dios es constante. Está de su parte. No es un Dios de confusión sino de paz (1 Corintios 14.33). Es obvio que sus mejores decisiones no irán contra la Palabra de Dios ni violarán sus normas.

Las decisiones llenas de fe que honran a Dios tienen tres cosas en común. Cuando usted comienza una nueva actividad, deja un mal hábito, se queda en medio de una tormenta o toma un paso por fe, descubre que Dios también pide que:

- sirva a otros,
- se relacione con su comunidad
- y le confíe a Él los resultados.

Aunque estas tres acciones pueden servir de catalizador para crecer más cerca a Dios y transformar su vida igual que hacen «Comience», «Deténgase», «Quédese» y «Vaya», es más probable que este crecimiento y transformación surjan como derivados de sus mejores decisiones. Dios nos llama a servir a las personas igual que Jesús sirvió en la tierra. Dios también nos creó para relacionarnos y pertenecer a una familia de otros creyentes. Y no importa la decisión que encaremos, siempre se nos requerirá que confiemos en Dios.

Servir, relacionarnos y confiar están entretejidos de manera natural en nuestras mejores decisiones. Están intrínsecos en quiénes somos como seguidores de Jesús.

Vamos a meternos bien en el asunto para obtener un cuadro más claro de cada uno.

## 5.2 El esqueleto sano

Servir a otros no es algo innato en mi carácter. Soy egocéntrico. No es algo de lo que esté orgulloso, pero por desgracia es así. Y cada vez que lo olvido y comienzo a pensar que tal vez yo sea un viejo sobrino de la Madre Teresa, mi amigo cercano, John Bullard, se alegra de recordarme la fea verdad. Entre todas las personas, es probable que John sea quien tenga la mejor perspectiva de mi capacidad de colocarme al frente de todos los demás.

Hace unos años John y Jennifer, su esposa, estaban considerando comprar una nueva casa. Como a mí me gusta ver casas, John me invitó a revisarla con él y decirle qué pensaba. Era buena, tal y como me había dicho: ladrillo, tres cuartos, dos baños y con mucho carácter. Incluso mejor, tenía potencial, lo que los agentes de bienes raíces llaman un esqueleto sano.

Luego de ver el interior, John quería que yo le diera un vistazo desde atrás, por el patio. Salimos por la puerta trasera, fuimos hasta el medio del patio y dimos una vuelta para apreciar el perfil de la casa. En específico, John quería que le ayudara a examinar el techo para ver si había señales de problemas a largo término. Fue entonces que de repente sucedió algo inesperado y terrible. Escuchamos un gruñir bajo, cada vez más fuerte, junto a un sonido de cuatro patas gigantescas que galopeaban hacia nosotros.

Dimos una vuelta a tiempo para ver uno de los galgos originales del infierno corriendo hacia nosotros. No sé qué clase de perro sería, una especie de zombi enfurecido. Un gran danés combinado con una fantasía de horror. De repente John y yo éramos los poseedores de unos buenos huesos, dos cortes de cañada enviados directamente de la carnicería a la casa.

Me gustaría decir que me quedé firme y que usé mis talentos de susurrador de perros que Dios me dio para lograr calmar el corazón salvaje de la malvada bestia. Pero eso no fue lo que sucedió.

¿Sabe cómo empujan los atletas para tener un comienzo fuerte? Un nadador se tira al agua desde el borde de la piscina para cortar el agua. Un corredor veloz comienza con un arranque explosivo luego de pisar los tacos de salida al inicio de la carrera. Esto es lo que hice, pero John fue el taco de salida que usé.

Ahora bien, si usted escucha la versión de John, él diría que lo tiré a la tierra como si fuera un tipo de sacrificio de sangre para el Sabueso de los Baskerville, y que luego corrí como un niño de cinco años. Al reflejar en los hechos, comprendo por qué lo interpretó así. Sí, realmente coloqué mis dos manos sobre él, y sí, lo empujé hacia el perro, accidentalmente por supuesto, aunque con todas mis fuerzas. Pero si esto ayudara de alguna forma, debo decir que yo no tiré a John *hacia* el perro, sino que lo empujé al impulsarme para *alejarme* del perro. Lo que sucedió es que John estuvo en un mal lugar en un mal momento. Atribuyo el hecho a que él cayera más debido a sus débiles reflejos que por causa de alguna malicia de mi parte.

Pero, como dije, soy egoísta.

Debido a que sencillamente reaccionamos, ninguno de nosotros notó la cerca eslabonada que nos separaba del galgo feroz. John terminó de rodillas, el perro golpeando y babeando a solo unos centímetros de su cara, tratando de roer la cerca.

Cuando uno de nosotros cuenta esta historia, es propenso a exagerar y disfrutar la risa. Pero en aquel momento no fue así. Y esto es solo un ejemplo de mi egoísmo, de cuán rápido me coloco delante de los demás, incluso de personas por quienes me preocupo.

## 5.3 Autoservicio

No soy el único. Todos podemos ser un poco egocéntricos. Por naturaleza somos egoístas. Piénselo. No hay que enseñarle a un niño cómo ser egoísta. Estoy seguro que usted nunca ha visto a alguien sentarse con un párvulo de dos años y decirle: «Cariño, hoy te voy a enseñar cómo ser egoísta, no será fácil, pero creo que tienes suficiente edad como para dar el salto. Así que quiero que sujetes esta bola y cuando yo te la pida, tú vas a gritar a toda voz: "¡Noooo! ¡Es míííа!"».

Esto nunca ha sucedido en la historia del mundo. A la hora de la verdad todos queremos ser el número uno, yo primero, yo después y yo siempre (como podría atestiguar mi amigo John).

No solo tenemos nuestra maldad trabajando en nuestra contra, mucho de lo que vemos en la cultura afirma nuestras tendencias egocéntricas. Algunos aseveran que una alteración masiva de la cultura en el 1973 lo cambió todo. Tal vez en ese tiempo usted ni siquiera estuviera próximo a nacer, pero hay la posibilidad de que sus padres sí experimentaran este cambio de clima.

En aquel entonces yo tenía seis años, así que les contaré lo que recuerdo de este cambio catastrófico.

Durante décadas, si yo quería una hamburguesa en casi cualquier restaurante de comida rápida, vendría igual a la que preparaba aquel restaurante que las preparaba. Si no le gustaba los tomates, usted mismo los podía quitar. Si prefería mostaza, usted tenía la libertad de quitar la mayonesa como pudiera y echar en su panecillo un chorrito de mostaza en forma de una cara feliz.

McDonald's, la cadena de comidas rápidas más conocida, tenía un canto acerca de algunas de sus hamburguesas. Cuando usted pedía un *Big Mac*, recibía «dos hamburguesas de carne de res, una salsa especial, lechuga, queso, pepinillos y cebollas en un panecillo con ajonjolí». Si no le gustaba la salsa especial, la lechuga, los pepinillos, las cebollas o el pan con ajonjolí (e intentar quitar el queso era lo peor), lo siento por usted. ¿Por qué no pedía un *Quarter pounder* en su lugar? El canto le decía lo que iba a recibir. Así era como se suponía que fuera la hamburguesa.

Hasta que la competencia cambió las reglas.

Con el cambio que alteró el mundo de la comida rápida, Burger King declaró atrevidamente que había opciones, elecciones y decisiones que tomar: si quería una hamburguesa, la podía «tener a su manera». Sí, lo leyó bien. ¡Fue una locura! Era su hamburguesa y usted podía elegir los acompañantes. ¿Sin mayonesa? No hay problema. ¿No pepinillos? Bien. ¿No cebollas? No se preocupe. ¿Más kétchup? Aquí está. Burger King hasta desarrolló un canto acerca de esto y una vez que lo escuchaba, se le quedaba pegado en su cerebro para siempre:

> *No pepinillo, no lechuga*
> *Ordenes especiales, no hay problema.*
> *Lo único que pedimos*
> *Es que nos deje servirle a su manera.*
> *Have it your way.*
> *Have it your way en Burger King.*

Así que la actitud egocéntrica, el consumidor es rey, se esparció como el fuego. Había un nuevo alguacil en el pueblo que siempre tenía la razón, ¡usted!

*Usted* lo merece.

*Usted* lo vale.

Tenga lo que *usted* quiera.

Disfrute la vida a *su* manera.

En nuestro mundo es natural querer a nuestra manera, Burger King lo remachó, aunque no era más que una maniobra inteligente de mercadeo. De acuerdo con Jesús la vida no se trata de nosotros y, sin embargo, todo en nuestra cultura nos dice que sí se trata de nosotros. Sin darnos cuenta del monstruo rabioso que hemos soltado, nos hemos obsesionado con nosotros mismos como nunca antes.

Una de las maneras más rápidas de olvidarse de Dios es dejarse consumir consigo mismo. Jesús tenía palabras bastante directas para los que pretendían seguirle. Él dijo: «Luego dijo Jesús a sus discípulos:

> Una de las maneras más rápidas de olvidarse de Dios es dejarse consumir consigo mismo. Él no nos llama a celebrar, promover o adelantarnos, sino a negarnos.

—Si alguien quiere ser mi discípulo, tiene que negarse a sí mismo, tomar su cruz y seguirme» (Mateo 16.24). Él no nos llama a celebrar, promover o adelantarnos, sino a negarnos. Tomar nuestra cruz es sufrir por no tenerlo todo a nuestra manera, morir a nuestras tendencias egoístas.

Dios quiere que lo tengamos a *su* manera.

Y no estamos hablando de hamburguesas.

## 5.4 ¿Qué comería Jesús?

Hablar de comida nos recuerda que Jesús hizo una declaración que debe hacernos tomar una pausa durante un momento antes de pedir nuestra próxima hamburguesa. Jesús dijo: «Mi alimento es hacer la voluntad del que me envió y terminar su obra» (Juan 4.34).

¿Quééé? Mi comida es servir a Dios. Mi comida es complacerlo a Él. Mi comida es completar la tarea que Dios me envió a hacer. Mi comida es hacer la voluntad de mi Padre y terminar su obra. Esta es otra clase de alimento. Una que hizo que los discípulos se detuvieran a pensar, como también nosotros debemos detenernos a pensar. Al principio ellos estaban un poco confundidos. Su líder había acabado de ministrar a una mujer sedienta que necesitaba más que agua de un pozo, y fue en ese momento que los discípulos se dieron cuenta de que hacía mucho rato que Jesús no había comido. Así que sus amigos le instaron a detenerse y comer para que mantuviera su energía.

Pero Jesús, que nunca pierde una oportunidad para enseñar, respondió: «Yo tengo un alimento que ustedes no conocen» (Juan 4.32). Ahora bien, si la mente suya es un poco rara, como la mía, quizá imagine a los discípulos pensando: *¿Será que Él tiene una comida que nosotros desconocemos? ¿Habrá estado escondiendo por debajo de su túnica algunas de esas nuevas barras de energía de aceituna e higo? ¿Tendrá bolsillos ahí? ¿Estará escondiendo pinchos de cordero de los kioscos del templo? Hace horas que nos estamos muriendo de hambre, ¿y tú tienes un pan diario escondido en tu mochila? ¿Por qué no nos dijiste nada, Señor?*

Después de todo, tal vez no tengamos mentes tan diferentes como creíamos. Los discípulos también creyeron que Jesús estaba hablando literalmente. «"¿Le habrán traído algo de comer?", comentaban entre sí los discípulos» (Juan 4.33). *Quizá, cuando no estábamos mirando, algún niño de la multitud le pasó un filete de pescado y algunas papitas fritas.*

Cuando la gente que nos rodea está diciendo: «¡Tome todo lo que pueda! ¡Todo tiene que ver con usted!», Dios quiere que contribuyamos en lugar de consumir. Cuando la cultura dice: «Llénate», Dios nos dice que debemos llenar a otros. Dios no nos creó para que nos quedáramos con todo, sino para que seamos dadores. En lugar de enfocarnos en nuestros deseos, Él nos llama a concentrarnos en las necesidades de los demás. En lugar de colarnos al frente de la fila, nos llama a esperar al final de la fila. Dios nos creó para servir.

Y aunque al principio pueda parecer que no estamos consiguiendo tanto como antes (¿se ha fijado que «lo que a mí me corresponde» suena como si tuviéramos ese privilegio?), al entregar nuestra vida, descubrimos una verdad nueva y nada intuitiva: al entregar mi vida, encuentro mi vida. Cuando servimos a otros, servimos a Dios. Cuando damos, recibimos más bendición que cuando recibimos. Cuando dejamos de obsesionarnos acerca de lo que queremos, entonces encontramos lo que necesitamos.

> Cuando la cultura dice: «Llénate», Dios nos dice que debemos llenar a otros. Dios no nos creó para que nos quedáramos con todo, sino para que seamos dadores.

Y esta clase de comida espiritual, o alimento espiritual, es mucho mejor que cualquier hamburguesa, incluso, la que usted puede obtener «a su manera».

## 5.5 Su servicio

Cuando yo tenía alrededor de veinticinco años, fui pastor asociado de la Primera Iglesia Metodista Unida en la Ciudad de Oklahoma durante casi cinco años. En ese tiempo tuve el privilegio de aprender de uno de los más grandes hombres de Dios que he conocido en mi vida, el pastor

Nick Harris. Todavía me maravilla que él me invitara a comenzar un ministerio para adultos solteros y me diera la libertad de formarlo como mejor yo creyera.

Como ya expliqué, cometí más errores de los que me correspondían. Estaba tan apasionado en cuanto a promover todo lo que hacíamos que con frecuencia me metía en líos por mencionar todos los domingos en la iglesia las actividades para los solteros. Durante nuestros cultos los pastores se alternaban para dirigir el Credo de los Apóstoles, orar por la ofrenda y la oración pastoral. Pero cada vez que era mi turno, antes de cumplir con mi tarea designada, anunciaba lo que los solteros estarían haciendo el viernes próximo. Siempre...Todas las veces.

No tenía ni la más mínima idea de cuánto molestaban mis anuncios «inofensivos» a todos los presentes hasta que un miembro de la junta nos convocó a una reunión. Sin que yo lo supiera, la junta había celebrado una asamblea especial para decidir si yo sería un mejor repartidor de pizzas que un pastor. Afortunadamente, acordaron darme otra oportunidad, pero desde ese día en adelante me prohibieron hacer más anuncios de actividades de los solteros durante el culto del domingo.

Ya que siempre he sido el tipo de persona que busca escapatorias, especialmente cuando se trata de agradar a Dios más que a los hombres, eludí con facilidad esta inconveniente regla. No debía *anunciar* las actividades, pero no me dijeron que no podía orar por estas. (Es probable que ya usted pueda ver hacia dónde va esto).

Al domingo siguiente me tocaba orar antes de la ofrenda. En cumplimiento a mi promesa de no anunciar una actividad más, simplemente hice una oración que fue semejante a esta:

Padre celestial, hoy agradezco tu presencia en nuestra iglesia. Y Dios, te alabo porque tu pueblo está ofrendando de manera generosa a la misión de tu maravillosa iglesia. Y te doy gracias porque una pequeña porción de lo que se ofrende hoy se dedicará a apoyar la actividad de los solteros este viernes a las siete. Padre, te agradezco que tu Espíritu Santo recordará a cada adulto soltero que debe traer diez dólares para cubrir el costo de la cena e ir a bolear. También te doy gracias porque se reunirán al lado de la puerta sur del vestíbulo y tú bendecirás esta gran reunión al igual que estás bendiciendo la reunión de hoy. Al ofrecer nuestros diezmos y ofrendas, te amamos, Dios, y te damos las gracias por tu benevolencia. En el nombre de Jesús, amén.

Si cree que exagero, busque al pastor Nick y pregúntele. Él se echaría a reír y le diría que eso no fue nada en comparación con algunos de mis otros ardides. Y aunque recordar esta historia todavía me hace sonreír, esto refleja un problema que me ha perseguido durante toda mi vida. Al sentirme justificado por completo, me apasionaban *mis* cosas en lugar de sentir pasión por las cosas de Dios. Mis palabras me delataban. Para mí, era *mi* ministerio para solteros. Y lo haríamos a mi manera.

Esta mentalidad casi me descalificó del ministerio. Por la gracia de Dios y con la ayuda de otros, lentamente aprendí que el ministerio nunca es mío. Siempre es de

Dios. Y con mi vida también era así. Gracias a lo que Jesús hizo por mí, mi vida realmente le pertenece a Él. Así que para encontrar significado y para glorificar a Dios en todas las cosas, todo debía llegar a ser más acerca de Dios y los demás y menos acerca de mí. Incluso, aunque no tuviera sentido para mí ni pareciera ser justo. Incluso, aunque yo pudiera encontrar escapatorias.

A medida que Dios me revelaba un llamado más elevado que el estilo de vida «salirme-con-la-mía» que había venido aceptando cada vez más, mi pastor me enseñó uno de los pasajes más memorables que jamás escuchara. El pastor Nick desglosó la historia acerca de Jesús cuando les lavó los pies a los discípulos. La presentó de una manera que me afectó profundamente. Él explicó con una gran emoción cómo Jesús estuvo dispuesto a hacer algo por los discípulos que ellos no estuvieron dispuestos a hacer el uno por el otro. Entonces leyó unas pocas palabras que ya yo había escuchado docenas de veces, pero nunca, hasta este momento, con mi corazón: «El más importante entre ustedes será siervo de los demás» (Mateo 23.11).

Y fue en ese momento que tomé una decisión que cambió mi vida, mi enfoque y mi ministerio. Las personas en la iglesia no estaban allí para cumplir con *mi* visión. Yo existía para servirles a ellos. A *todos* ellos. Como en el caso de Jesús, mi comida, mi alimento, venía de un lugar más elevado. En lugar de solo preocuparme por mis esperanzas, sueños e intereses, mi llamado era pastorear a los demás. Amarlos, sentir sus penas, verterme en ellos. Y fue entonces cuando descubrí

> **«El más importante entre ustedes será siervo de los demás» (Mateo 23.11).**

un banquete espiritual que ni siquiera sabía que existía. La nutrición de mi alma venía al hacer la voluntad de Dios, y estas eran las bendiciones que yo quería dar a conocer durante el resto de mi vida.

Por ejemplo, durante meses estuve rechazando invitaciones para hablar en un cercano asilo de ancianos. Dos años antes había hablado en un asilo y con toda honestidad debo decir que fue bastante frustrante para mí. Luego de trabajar durante horas en un mensaje, lo di con tanta pasión como pude a un grupo de personas a quienes al parecer no lo importaba en lo más mínimo. Dos damas se durmieron durante todo aquello. Otro hombre hizo ruidos molestos y fuertes todo el tiempo. Otra mujer se la pasó hablando en voz muy alta, aunque nadie la estaba oyendo. No es necesario decir que el mensaje fue un fracaso.

Pero luego de escuchar a Nick hablar acerca de servir, me sentí movido a aceptar la invitación de aquel asilo de ancianos. Pero esta vez preparé mi corazón en lugar de preparar un mensaje. Al parecer, no fue muy diferente. Cuando los visité, era difícil para algunos mantenerse despiertos. Otra persona hizo ruidos fuertes. Y como era de esperar, una mujer hablaba muy alto, a nadie en particular.

Pero en lugar de molestarme, decidí detenerme y escuchar. Esta mujer no era una vieja loca cualquiera. Su nombre era Margarita. Margarita era madre de cuatro hijos, abuela de once nietos y bisabuela de dos bisnietos. Durante la próxima media hora, más o menos, Margarita presentó con amabilidad historia tras historia de su asombrosa vida. Se crio durante la Gran Depresión económica. Se encontró con Jesús en una pequeña iglesia de las Asambleas de Dios, luego de haber pasado tres días sin comer. La promesa de comer gratis fue lo que la atrajo a aquella iglesia, pero el pan vivo que recibió allí le cambió su vida.

Una sola visita no fue suficiente para conocer bien a Margarita. Volví una y otra vez. Y cada vez conocía a más y más personas y me quedaba más tiempo. Apenas hablaba, iba a escuchar. De repente, una pequeña parte de mi vida no se trató más de mí, sino de los demás. Lo único que tuve que hacer fue decidir hacer lo que Dios quería en lugar de lo que yo quería.

## 5.6 Comida del alma

Al dejar de hacer las cosas a mi manera, descubrí mejor cómo Dios me estaba formando con un corazón de pastor. Debido a que nuestra iglesia estaba en el centro de la ciudad, varias veces a la semana venían personas sin techo a pedir ayuda. Al descubrir que sus necesidades para comida y albergue eran tan frecuentes, aprendí a referirlos a otros refugios del área. Pero un día alguien tocó a la puerta de la iglesia y sentí la necesidad de hacer más que referir a la anciana delante mí a otro lugar.

Por alguna razón, cuando Lana pidió ayuda, sentí que debía aceptar el hacerme responsable de sus necesidades, servirla directamente y estar seguro de que ella experimentara el amor de Cristo durante el tiempo que yo la acompañaba. Recluté a algunos otros miembros de la iglesia y pasamos varios días atendiendo cada una de sus necesidades críticas. La ayudamos a asearse, darle ropa limpia y cómoda y conseguir atención médica para sus infecciones de la piel.

Mientras más servíamos a Lana, más dispuesta estaba ella a hablar sobre los asuntos espirituales. Había vendido su cuerpo a cambio de dinero, y se culpaba más de lo que yo quería imaginar. Pero la gracia de Dios la deslumbró. Lana clamó a Dios, pidiendo misericordia y que la hiciera su discípula.

Como una nueva seguidora de Jesús, Lana cayó bien en la misión. Todos los días pasábamos un tiempo con ella, escuchando, orando y antes de mucho tiempo, incluso riéndonos. ¿Quién sabía que alguien con tantos dolores podría ser tan cómica? Luego de seis semanas encontramos a alguien que dejó a Lana limpiar su casa y por primera vez en tres años Lana ganó dinero. Por la gracia de Dios, ella permaneció sobria, encontró más trabajos de limpieza y ahorró suficiente dinero para alquilar un cuarto en un edificio de apartamentos un poco descuidado. Amy y yo tuvimos el honor de hacerle una fiesta para estrenar su casa y nunca conocí a nadie tan orgullosa como Lana de tener un lugar para vivir.

Un día me puse nervioso al notar que hacía tres días consecutivos que no veíamos a Lana. Fui a su apartamento para ver si estaba bien y comprendí que mis más graves temores eran una realidad. No contestó a la puerta, probé y noté que no estaba cerrada, entré y descubrí que Lana estaba muerta. Había sufrido una complicación repentina de salud y había muerto unos días antes.

El día que hice el servicio fúnebre solo aparecieron cuatro personas (incluyendo a Amy). Aquel día sentí tristeza. No tanto por Lana, ella ya conocía a Jesús y sus penas habían terminado. Ya estaba con Él. Me entristecí por mí mismo, por nosotros. La queríamos y la necesitábamos de una manera sorprendente. Lana nos dio una razón para salir de nuestras vidas cómodas. Nos enseñó a amar a alguien que la mayoría ni siquiera tocaría. Nos dio el don de dar de nuestras vidas para servirla. Y me ayudó a aprender que hay un alimento para el alma que realmente satisface. No se encuentra en promovernos, sino en amar a otros.

Con todo mi corazón doy gracias a Dios por Lana. Y le agradezco a Dios que me permitiera ser una pequeña bendición para ella antes que terminara su vida terrenal. Lana me ayudó a crecer en mi fe. Gracias a ella reconocí que servir no es algo que *hacemos*. Somos llamados a *ser* siervos/as.

> **Servir no es algo que *hacemos*. Somos llamados a *ser* siervos/as.**

## 5.7 ¿Me permite tomar su orden?

De nuevo sucedió el otro día. Para ser sincero, no puedo estimar cuántas veces he tenido una versión de esta conversación. Conozco a alguien nuevo en la comunidad. Como siempre, le pregunto cómo se está adaptando su familia y cuánto le gusta su nueva casa. Sin fallar, es fácil buscar la manera de invitar a alguien nuevo de la comunidad a asistir a la iglesia. Esta vez, cuando traje a colación la iglesia, descubrí que esta persona ya era cristiana y estaba muy frustrada.

En segundos me contó que habían probado siete iglesias diferentes desde que se mudaron aquí. La conversación fue así: «Hemos estado probando iglesias durante estos dos últimos meses, pero no hemos encontrado nada que funcione para nosotros. Nos gustó la adoración de una iglesia, pero la enseñanza no era lo suficientemente profunda. Entonces, en esta otra iglesia, nos encantó la enseñanza, pero el ministerio para los niños estaba cojo. Probamos una iglesia que pensamos que sería buena, pero nadie nos habló durante todo el tiempo que estuvimos allí». Él terminó con una línea que para mí fue como un golpe de muerte. Cada vez que escucho a alguien decirlo, se quiebra mi corazón. «Es que no encontramos una iglesia que satisfaga nuestras necesidades».

Ahora bien, antes de comenzar a sonar como un pastor que no tiene contacto con el mundo cotidiano, déjeme decir que me alegró mucho saber que esta persona, y otras como él, quieran encontrar una gran iglesia. Pero el lenguaje de esta conversación es problemático. Por ejemplo: «Estamos probando iglesias». Esto suena como si estuvieran buscando una prenda de vestir perfecta. Y la frase: «No puedo encontrar una iglesia que satisfaga nuestras necesidades» es una de las frases no bíblicas que un cristiano puede pronunciar. Es la actitud de salirse-con-las-suyas. Nos vemos como consumidores espirituales. La iglesia es el producto. Queremos encontrar el producto que satisfaga nuestras necesidades. Antes de mucho, esta mentalidad contaminada entra de manera solapada en nuestra teología. Bueno, voy a la iglesia y hago cosas buenas, así que Dios debe contestar mis oraciones, conseguir el trabajo que quiero, ayudar a mis equipos favoritos a ganar el campeonato, y asegurar que mi hijo de doce años logre ser el secretario de la clase. Y si las cosas no salen como quiero, entonces Dios me falló. Porque recuerde: todo es acerca de mi persona. ¿Cierto?

Olvidamos que no fuimos hechos para ser consumidores espirituales. Dios nos ha llamado a ser contribuidores espirituales. Y la iglesia no existe para nuestro bien. Somos la iglesia y existimos para el bien del mundo.

Cuando mi mente cambia de ser un consumidor espiritual (todo tiene que ver conmigo, lo que quiero, lo que obtengo, lo que prefiero) y se convierte en un contribuidor espiritual, todo es diferente. Ahora estoy aquí para servir a Dios y querer a la gente. Existo para marcar una diferencia. Dios me creó para que fuera una bendición para los demás. Mi alimento es hacer su voluntad y terminar la obra que Él me envió a realizar. Desde el momento que dejamos de servir —ya que servir es lo que la gente espera que hagamos— y comenzamos a vernos como siervos, justo entonces es que morimos a nosotros y Cristo está libre para vivir por medio de nosotros y bendecir a otros.

> No fuimos hechos para ser consumidores espirituales. Dios nos ha llamado a ser contribuidores espirituales. Y la iglesia no existe para nuestro bien. Somos la iglesia y existimos para el bien del mundo.

Aquí está la tarea divertida. Pregúntese: «¿Soy más un consumidor que un contribuidor?». Si usted es un seguidor de Cristo, entonces se espera que sea una parte valiosa de una iglesia que da vida. Al pensar en su iglesia, ¿cómo se calificaría usted? ¿Deja a sus hijos en el departamento de párvulos (sin servir allí jamás), come una rosquilla gratis o toma una taza de café gratis, se sienta en una silla que otros pagaron, disfruta el culto, recoge a sus hijos y vuelve a casa? Si es así, usted es un consumidor.

Por otra parte, ¿utiliza sus dones para hacer una diferencia? ¿Invita a personas a su iglesia? ¿Ora con fidelidad? ¿Da su diezmo fielmente? ¿Sirve con pasión? Si es así, usted es un contribuidor.

Ahora piense en otros aspectos de su vida. ¿Cuándo fue la última vez que usted donó un día entero para ayudar a un necesitado? Si lo ha hecho varias veces este año, usted está contribuyendo. Está usando su vida para servir a otros. Si nunca lo ha hecho, o si no ha dado mucho de sí mismo de otras maneras, entonces, debe encarar la verdad: usted, más bien, es un consumidor.

¿Qué me dice acerca de sus oraciones? ¿Está orando fielmente por otros? ¿Le pide a Dios que ayude a aquellos que no lo conocen a tener una relación con Él? ¿A sanar a los enfermos? ¿Ayudar a los huérfanos a encontrar un hogar? ¿A bendecir a quienes lo están molestando o lastimando? Si es así, entonces está haciendo una contribución con su fe y sus oraciones. Si por otro lado la mayoría de sus oraciones se enfocan en sí mismo, «bendíceme, protégeme, ayúdame», entonces, llámelo por lo que es: usted, por lo menos en el aspecto de las oraciones, es un consumidor.

No estoy tratando de ser áspero. No intento llenarlo de culpabilidad. Simplemente quiero animarle a ser honesto consigo mismo. Si está usando su vida para hoy bendecir a otros, entonces más tarde le deleitará contar las historias que Dios le permitirá narrar. Pero si está más enfocado en servirse a sí mismo que en servir a otros, terminará con muchas páginas en blanco, bendiciones perdidas que solo se encuentran al contribuir con lo que Dios nos dio al crearnos para que diéramos al mundo.

## 5.8 Su servidor pronto estará con usted

Ahora le invito a tomar otra decisión que podría alterar su historia para mejorarla. En lugar de solo de vez en cuando hacer cosas en el nombre de Dios para ayudar a otros, considere hacer un cambio radical en su modo de pensar. En lugar de considerar el servir a otros como algo que se hace en ocasiones, ¿cómo sería verse como un siervo? No se trata de lo que hace, sino de quién es usted. Si usted es un seguidor de Jesús, su llamado es servirle a Él y servir a las personas en el nombre de Cristo.

De esto se trata la iglesia. A veces olvidamos que la intención de Dios nunca fue que la palabra «iglesia» se refiriera a un edificio. No fue hasta que estuve en el seminario que aprendí la historia de la iglesia de Dios. Reunirse, durante los dos primeros siglos, era increíblemente difícil para los seguidores de Jesús. Entre otras cosas, muchas veces sus vidas corrían peligro. Tampoco podían ser dueños de edificios, de modo que encontrar lugares públicos donde reunirse era todo un desafío. Luego, en el año 313 d.C., el Emperador Constantino declaró que el cristianismo era una religión legal. Por primera vez en la historia fue seguro

> En lugar de considerar el servir a otros como algo que se hace en ocasiones, ¿cómo sería verse como un siervo?

para los cristianos reunirse (por lo menos en algunos lugares) y por primera vez poseer edificios.

Pero tenemos que recordar que la iglesia no es un edificio. La iglesia es la gente. Por eso trato de recordarme que no *vamos* a la iglesia; *somos* la iglesia.

Y puesto que somos la iglesia, Dios quiere que le sirvamos a Él. Él quiere que usemos nuestros dones para fortalecer su cuerpo. La Palabra de Dios ofrece varias listas de los dones espirituales que Dios le da a su pueblo. Uno de mis favoritos está en Romanos 12. Pablo les dice a los cristianos romanos: «Dios, en su gracia, nos ha dado *dones diferentes* para hacer bien determinadas cosas» (Romanos 12.6, NTV, énfasis del autor). Cuando piense en esto, es seguro que ciertas cosas vendrán fáciles, de una manera natural para usted. Usted está programado para hacer cosas que otros no pueden, y a menudo ellos admiran su capacidad para hacer esas cosas.

Pablo enumeró siete dones diferentes: «Por lo tanto, si Dios te dio la capacidad de *profetizar*, habla con toda la fe que Dios te haya concedido. Si tu don es *servir a otros*, sírvelos bien. Si eres *maestro*, enseña bien. Si tu don consiste en *animar a otros*, anímalos. Si tu don es *dar*, hazlo con generosidad. Si Dios te ha dado la capacidad de *liderar*, toma la responsabilidad en serio. Y si tienes el don de *mostrar bondad* a otros, hazlo con gusto.» (Romanos 12.6-8, NTV, énfasis del autor).

Es probable que usted tenga por lo menos uno de estos dones. Uno de mis profesores en el seminario nos presentó una forma inolvidable de saber cuál es el don que tenemos: Imagínese estar sentado a la mesa de un restaurante con amigos cercanos, a punto de comer un sabroso postre. Usted nota que un amigo está apuntando con su tenedor un pedazo de pastel de cereza. Mientras que el tenedor va descendiendo hacia el postre, usted se da cuenta que el plato está peligrosamente cerca de la orilla de la mesa. Antes de tener tiempo para advertírselo, él pincha el pastel con el tenedor y este cae sobre su regazo. Lo próximo que usted haga pudiera ser una pista acerca de cuál es el don que usted tiene:

- ¿Salta para ofrecer ayuda? ¿Agarra una servilleta y se apura para limpiar el reguero? Si es así, es probable que usted tenga el don de servir.
- ¿Mira usted a la pobre víctima y le ofrece un consejo sabio? «Mira, realmente hay una mejor forma de comer un pastel. Primero, debes colocarlo lejos de la orilla de la mesa». Si usted está pensando en ofrecer un estudio bíblico acerca del asunto, podría decir: «Este incidente me recuerda la vez que Jesús se reunió con sus discípulos ante una mesa. De hecho, descubrí que la palabra en griego para mesa es...». Si se descubre ofreciendo instrucciones, es probable que tenga el don de la enseñanza.
- Si se da un manotazo en su pierna, se ríe a carcajadas y exclama que usted ha hecho cosas más tontas, tratando que su amigo se sienta mejor acerca del suceso, es probable que tenga el don de animar.
- Si usted le ofrece a su amigo comprarle otro pastel y ofrecerle postre a todos en la mesa, puede estar bastante seguro de tener el don de dar (o amor a los dulces y un corazón de dador).

- Si comienza a organizar un equipo, logrando que todos sigan sus instrucciones detalladas acerca de cómo recogerlo todo, usted tiene el don de liderazgo.
- Y si al observar el suceso dice: «¡Caramba! No puedo creer que no te fijaras en lo cerca que estaba el plato de la orilla de la mesa. Debí haber previsto lo que sucedería», es muy probable que tenga el don de la profecía.

No importa cuál sea su don, Dios se lo dio y no es solo para mejorar su vida, sino para servirle a Él y a los demás en la iglesia. Si está asistiendo a la iglesia y no está sirviendo, le aseguro que Dios desea hacer algo más en y mediante usted.

Yo he tenido el privilegio de escuchar historias de varias personas que se acercaron más a Cristo cuando decidieron hacerse siervos. Una es la de un joven de trece años que se llama Gavin. Después que un amigo de Gavin lo invitó a ir a una iglesia, Gavin conoció la gracia de Jesús, entregó su vida a Cristo y fue bautizado. Aunque Gavin no era un adulto, comenzó a servir. Ahora él adora todas las semanas en un servicio de fin de semana y sirve durante los otros seis. Lo leyó bien. Un niño de trece años sirve durante seis servicios cada fin de semana. Pase lo que pase, verá semana tras semana a este entusiasta joven dando la bienvenida a las personas que van a la iglesia. Servir impactó la vida de Gavin a tal punto que pidió permiso para involucrar a otros estudiantes en este servicio a los demás. Ahora este joven de escuela intermedia ha reclutado personalmente y supervisa a *cincuenta otros estudiantes* que sirven en el equipo de las bienvenidas. ¡Esto sí es un don de liderazgo! Gavin no solo sirve de vez en cuando. Es un siervo. Es quien es él.

También está Chris. Mientras escribo esto, Chris ha estado sobrio durante 2.983 días. Si usted le fuera a preguntar cuántos días ha estado sobrio, le garantizo que él le daría un informe exacto. ¿Por qué? Porque es una nueva criatura en Cristo. Su pasado ya pasó. Dios perdonó sus pecados. Está limpio, sobrio y es un siervo de Cristo. Así que, si cada fin de semana usted buscara a Chris en la iglesia, lo encontrará cambiando sacos de basura, limpiando los baños, recogiendo la basura y haciendo todo lo posible para hacer que el ambiente sea atractivo para las visitas. Alguien le preguntó a Chris por qué hacía cosas en las que la mayoría no se fijan. Él sonrió y dijo: «Tal vez las personas no sepan lo que hago, pero Dios sí lo sabe y esa es toda la recompensa que necesito». Dios cambió la vida de Chris y ahora él sirve porque cree que su contribución ayudará a cambiar la vida de otra persona.

Luego hay un hombre llamado Dallas. Si habla con Dallas, no sería evidente que a los quince años cayó en una pandilla violenta. Cuando tuvo edad para manejar, Dallas vendía drogas y portaba armas ilegales. A los dieciocho años lo sentenciaron a la cárcel. Mientras estaba en la cárcel los creyentes comenzaron a alcanzarle. Después de cumplir la sentencia, Dallas comenzó a asistir a nuestra iglesia. Él abrió su corazón a Cristo con pasión, y el Espíritu de Dios lo transformó. Ahora, años más tarde, este siervo de Dios se reúne cada semana con treinta estudiantes de la secundaria para hablarles del amor transformador de Jesús que alcanzó su corazón.

Por último, la historia de Adán es una de mis favoritas. Hace nueve meses Adán conoció a Cristo cuando estaba sirviendo de portero en un bar. Adán les relató a algunos líderes de la iglesia lo que Dios había hecho en su corazón. Con lágrimas dijo: «Cuando Cristo entró en mi vida, me quité el enorme peso del pecado que llevaba sobre mis hombros, y mi corazón comenzó a funcionar de nuevo». Ahora Adán es uno de los anfitriones más fieles de la iglesia. Él se ríe cuando dice: «Antes echaba a patadas a la gente de los bares. Ahora le doy la bienvenida a la iglesia a la gente». Como los otros, Adán no sirve de vez en cuando. Él descubrió que *ser* un siervo es central en su identidad en Cristo.

Dios quiere que usted sirva en su iglesia. Su iglesia es un cuerpo. Y cada miembro, cada parte, es importante. Así que, si usted pertenece a una iglesia, pero no está sirviendo, entonces algo que Dios quiere lograr no se está logrando. Dios quiere usarlos a todos para servir en su iglesia, y esto le incluye a usted. No *vamos* a la iglesia, *somos* la iglesia.

Dios usa la iglesia para alimentar y nutrir a su pueblo. Dios quiere que usted contribuya y no que solo consuma. Su alimento espiritual es hacer la voluntad de Dios y terminar la obra que Él le envió a terminar.

¿Cómo está usted sirviendo a otros en su comunidad? ¿En su iglesia? ¿Adónde o a quién siente que Dios le está llamando a servir ahora? En una tableta o diario describa un par de lugares o maneras que usted cree que Dios quiere que usted le sirva.

## 5.9 Espectáculo de luces

Sabemos con certeza que nuestras buenas obras no pueden saldar nuestra cuenta con Dios. Sabemos que somos salvos por gracia mediante la fe. Y aunque nuestras buenas obras no nos salvan, sí somos salvos con el fin de hacer buenas obras. Jesús nos enseña que debemos dejar que nuestras luces brillen para que otros puedan ver nuestras buenas obras y glorificar a nuestro Padre Dios.

Dios no solo nos llama a servir *en* su iglesia, sino que también nos llama a servir *como* su iglesia. No pierda esta distinción importante. Sí, tenemos el honor de servir a otros creyentes en la iglesia, fortaleciéndolos para hacer la obra y la voluntad de Dios. Pero nuestro ministerio más importante no sucede dentro de la iglesia de Dios.

> Dios no solo nos llama a servir *en* su iglesia, sino que también nos llama a servir *como* su iglesia.

Sucede mientras *somos* la iglesia, alumbrando su luz en medio de un mundo en tinieblas que anda desesperado buscando su bondad. Nuestra llama nunca disminuirá si encendemos el fuego del amor de Dios en la vida de otros. Solo aumentará su resplandor. Y cuando decidamos que queremos ser quien Dios nos hizo para ser y para regalar nuestros dones, Él nos dará incluso más oportunidades para alumbrar y a su vez recibir la bendición del servicio.

Nadie se convierte a propósito en una persona egoísta y avara. Todos justificamos nuestras decisiones pecaminosas en algún punto. Pero las decisiones que tomamos acerca de servir a otros nos ayudarán a dejar de enfocarnos en nosotros mismos para ver las necesidades de los que nos rodean. Usted puede decidir ahora mismo cuál será su historia, tanto la que usted cuente como la que se contará acerca de usted. Usted puede comer la comida rápida de las opciones que saben bien en el momento, o puede ingerir el alimento eterno del alma de servir a otros y así acercarse más a Dios.

A mi compinche John le gusta contar la historia de cuando lo empujé hacia el perro, pero a mí no me gusta cuando la saca a colación. Para la mayoría de las personas las historias significativas que cuentan involucran hacer cosas que importan. ¿Cuán a menudo se sienta usted con sus amigos y se jacta de la vez que hizo trampas para adelantarse? ¿O cuenta aquel momento cuando tomó atajos para obtener algo que deseaba? Esas no son cosas que usted desee poner en la película de los momentos más notables de su vida, ¿verdad? Lo más probable es que cuando acepte un premio por su desempeño en el trabajo, no se lo estará agradeciendo a todos los compañeros de trabajo que pisoteó para lograr su ascenso.

No, las historias que le encantará recordar serán aquellas en las que ayudó a otros, hizo una diferencia positiva, elevó a alguien. Las veces en que usted fue una bendición para alguien, cuando se concentró en otros, cuando sirvió. La decisión de ayudar a otros a veces no la sentirá como algo natural, pero cuando servir se convierte en nuestra ambición natural, nos acercamos a Dios y experimentamos más quién quiso Él que fuéramos.

Los momentos en que usted eligió servir a otros, poniendo sus necesidades en primer lugar, determinarán la clase de historia que usted contará en el futuro.

# 6 Relaciónese

*Muéstreme a sus amigos y yo le mostraré su futuro.*

— AUTOR DESCONOCIDO

*B*enjamín, por el bien de su esposa, permaneció impasible durante el servicio en memoria de Julio, su cuñado, un hombre diez años mayor que él a quien siempre admiró. La profunda fe de Julio lo sostuvo durante los dos años que batalló contra el cáncer. Ahora la familia y los amigos se reunieron para celebrar la vida de Julio. Varias personas dieron testimonios acerca de su relación con Julio, cada uno provenía de un círculo diferente de su vida: la oficina, iglesia, el centro para jóvenes donde sirvió como voluntario, etc. Lo que más conmovió a Benjamín fue lo que dijo un hombre en particular.

Se identificó como un buen amigo de Julio, uno de los seis hombres que durante los pasados dieciocho años se estuvieron reuniendo para desayunar cada jueves por la mañana. Se conocieron en la iglesia, y el grupo comenzó como un estudio bíblico con una asistencia de más de doce hombres. Pero poco a poco algunos hombres se fueron y otros solo se siguieron reuniendo durante un tiempo y luego dejaron de asistir. Mientras tanto, Julio y los otros cinco hombres formaron un vínculo especial y siguieron participando en el estudio bíblico; después, cuando uno de los hombres comenzó a luchar con la agonía del divorcio, comenzaron a reunirse para desayunar.

Luego, otro miembro de los «Súper Seis» admitió ser adicto a las pastillas para los dolores, así que los otros hombres se unieron para ayudarlo. El que estaba hablando reveló que con el paso de los años estos seis hombres resistieron casi todas las cosas que una persona puede experimentar en la vida: pérdida de trabajo, criar hijos, comenzar negocios y terminar maratones. Pero ahora enfrentaban la pérdida más difícil de todas, perder a uno de sus miembros. Ya Julio no seguiría contando viejos chistes mientras tomaban café con leche en una esquina del pequeño restaurante. Al concluir se emocionó mientras oraba por la esposa e hijos adultos de Julio, y el momento se volvió todavía más tierno cuando los otros cuatro se unieron en el podio y colocaron sus manos sobre los hombros de Julio.

En ese momento Benjamín ya no pudo contener las lágrimas. ¡Cómo anhelaba tener esta clase de verdadera amistad, un lazo de conexión con hermanos espirituales que lo animaran, lo retaran y lo sostuvieran ante las más altas normas del modelo de Cristo! Pero Benjamín siempre temió ser franco con sus amigos, realmente franco, aunque tuviera *la oportunidad de hacerlo. Por supuesto, disfrutaba de una buena amistad con su esposa, pero hay algunas cosas que solo otro hermano puede comprender cabalmente.*

*Más tarde, durante la recepción después del servicio, Benjamín se presentó al hombre que habló en nombre del grupo de los Súper Seis y le mencionó cuánta suerte tenía por poder pertenecer a un grupo como ese. El hombre lo miró a los ojos, sonrió y le dijo: «Pues pertenecer a este grupo no solo es suerte. Hicimos un compromiso el uno con el otro, un compromiso que Dios ha bendecido y usado en nuestras vidas. Él hará lo mismo con usted si se lo permite».*

*Estas palabras persiguieron a Benjamín durante el resto de la semana. No podía evadir la sensación de que Dios quería que él hiciera algo. Finalmente, en ese mismo fin de semana, llamó a dos hombres que conocía en la iglesia, Carlos y Reynaldo, y les preguntó si les gustaría reunirse para desayunar juntos el próximo jueves. Ambos aceptaron.*

## 6.1 Las madres saben mejor

Mi mamá solía usar su tonelada de sabiduría materna para aconsejarme, pero por lo general lo hacía en lo que yo consideraba el peor de los momentos. Cuando nuestro equipo perdía un juego de béisbol y yo me sentía desilusionado, ella me decía: «No importa que ganes o pierdas, lo que importa es cómo juegas» (era obvio que mamá nunca había visto a su jardinero del centro cometer un grave error durante un juego fácil que luego costaría perder la partida del equipo). O si me frustraba porque no sabía seguir las instrucciones para ensamblar un modelo de un avión, me decía: «Se puede lograr todo lo que uno se propone hacer».

Pero para remachar, el consejo que más me repetía tenía que ver con mis amigos: «Dime con quién andas y te diré quién eres». A veces no sabía con seguridad si ella estaba aprobando a mis amigos o si me estaba animando a buscar mejores reemplazos. Es probable que ella tampoco estuviera segura. Sin embargo, lo que sí quedó claro fue la sabiduría que tenían sus dichos. No importa si uno es niño, preadolescente, adolescente, adulto joven o de mediana edad, *seremos* semejantes a nuestros amigos más cercanos. Se lo aseguro.

Cuando nos relacionamos con otra persona, nos convertimos en un conducto de sus valores, creencias y decisiones. No solo me baso en el consejo casero de mi mamá o en la psicología popular. En la Biblia Salomón escribió: «El que con sabios anda, sabio se vuelve; el que con necios se junta, saldrá mal parado» (Proverbios 13.20). Si se asocia con sabios, usted será más sabio. Si pasa tiempo con personas que siguen a Dios, es más probable que usted se acerque a Dios. Si se hace buen amigo de personas que toman buenas decisiones, es probable que usted también tomará buenas decisiones.

Pero lo opuesto también es peligrosamente cierto. Si pasa tiempo con gente equivocada, es probable que termine haciendo cosas tontas y peligrosas junto a ellos. Si se rodea de personas pasivas y sin motivación, usted hará menos, no más. Si sus mejores amigos obvian a Dios, es probable que usted también se desvíe.

Cuando reflexiono en mi vida, me doy cuenta de que raramente me metí en líos a solas. Casi siempre que hice algo estúpido y poco sabio, estuve en compañía de personas igualmente tontas. Por otro lado, raras veces tuve gran éxito por cuenta propia. Si tuve éxito en los deportes, fue porque tuve un buen entrenador que me ayudó o compañeros del deporte que me retaban y animaban. Cuando me desarrollé como líder, nunca fue en un vacío. Siempre tuve la bendición de tener a otros que me hablaban vida, ofreciéndome una valiosa retroalimentación. Lo mismo sucedió en la esfera espiritual. Cuando estoy más cerca a Dios, simultáneamente he estado cerca a personas que también siguen a Dios. *Muéstreme* a sus amigos, y yo le mostraré su futuro.

Cualquier éxito que yo tenga en la vida será el resultado directo de una decisión que cambió la historia que hoy puedo contar. Con la ayuda de Dios me relacioné con personas más sabias, personas que amaban a Dios y que fueron las mejores que pude encontrar. Y una vez que comencé a buscarlas, Dios siguió trayéndolas a mi camino. Cualquier cosa buena que yo haya hecho o esté haciendo viene de las personas correctas que Dios usó para que influyeran en mí y me hicieran mejor. Soy quien soy debido a los amigos que elegí en el pasado.

> **Muéstreme a sus amigos, y yo le mostraré su futuro. Las personas con quien usted anda hoy están formando a la persona que usted será mañana.**

Usted también. Las personas que usted conoce determinarán la historia que usted contará. Y las personas con quien anda hoy están formando la persona que usted será mañana.

## 6.2 BFF IRL: Mejores amigos para siempre en la vida real (por sus siglas en inglés)

Es medianoche y usted recibe una llamada que todo padre teme recibir, diciéndole que su adolescente está involucrado en un accidente y que lo están llevando a una sala de emergencia. O tal vez tenga una conversación inesperada con su jefe, informándole que eliminaron su puesto y que tiene hasta las cinco de la tarde para recoger las cosas de su escritorio y salir del edificio. Podría ser su cónyuge para decirle que tiene un/a amante, o tal vez sea para darle los resultados positivos de las pruebas que le hicieron para saber si tenía una enfermedad que usted creía que solo otras personas sufrían. ¿A quién llamar en esos momentos? ¿Con quién hablar en confianza al entrar en el valle de sombra de los acontecimientos más estremecedores de la vida?

Aparte de llamar a los miembros de la familia, la mayoría llama a una amistad cercana o desea tener a alguien a quien llamar. En esos momentos nos necesitamos unos a otros con desesperación. Necesitamos a alguien que esté dispuesto a estar presente con nosotros, alguien que nos escuche mientras nos desahogamos o que nos sostenga mientras lloramos. Necesitamos amigos de confianza que nos quieran y nos recuerden la paz y la presencia de Dios en medio de las tormentas inesperadas de la vida. Y no solo necesitamos esta clase de amigo/a, también nosotros necesitamos ser esa clase de amigo/a para otros, alguien en quien otros puedan confiar y respetar, alguien a quien podamos contar un secreto en confianza. Alguien a quien otros quieran acercarse.

Pero me temo que este tipo de relaciones son cada vez más raras.

Como soy pastor, a menudo escucho los secretos que la gente teme contar a otras personas. Me lo dicen porque confían en mí o porque deciden que será seguro por ser yo un pastor. Las personas me abren su corazón porque ya no soportan más las ansias que llevan por dentro y porque no confían en alguien más que les guarde sus secretos y les ayuden a vencer lo que pudieran estar enfrentando. Y eso es una tragedia.

Hace unos años prediqué acerca de los secretos y la confesión. Nuestra iglesia estableció un sitio web temporal al lado del nuestro. Las personas podían enviar a este sitio, de manera anónima, sus secretos más protegidos. Más de trescientas mil personas visitaron el sitio durante los primeros dos meses. Decenas de miles revelaron las terribles cargas que los oprimían, incluyendo abuso sexual, abuso doméstico y físico, aventuras amorosas, violencia y casi cada tipo de adicción que se pudiera nombrar.

Aunque me alegró que tantas personas tuvieran la oportunidad de descargar sus corazones apesadumbrados, me entristeció igualmente que no tuvieran a alguien con quien ellos pudieran hablar acerca de sus cargas. Entiendo que no hay riesgo cuando se dice algo en línea de forma anónima. Pero el alivio que se siente es temporal. La vida de las personas es desordenada, tanto la mía, la suya como la de todos. Así que, si vamos a relacionarnos con otros, tenemos que ayudarnos unos a otros a desenredar los embrollos. Por eso es completamente necesario tener en su vida amigos de verdad (y amigos apropiados) antes que su vida se descarrile de alguna manera. Las verdaderas amistades llevan tiempo y esa es parte de la dificultad de relacionarnos con otros.

Hoy día casi parece anticuado esperar tener la clase de amistad que perdura, la que sostiene a una persona mientras pasa por sus altas y bajas en la vida. En nuestra cultura móvil y apresurada nos hemos convertido en nómadas suburbanos. Ya no es razonable esperar que las relaciones duren años tras años. Además, ahora tenemos tantas maneras de mantenernos en contacto: textos, correos electrónicos, Instagram, Facebook, Twitter y otros medios sociales. Siempre se puede hacer Skype o FaceTime con aquellos amigos a larga distancia, ¿no es cierto?

Pero son pocos los que lo hacen y nunca es igual que personalmente.

El impacto de la relación de los medios sociales y de la tecnología ha redefinido la palabra *amigo*. Una vez, hace pocas décadas, si alguien decía ser su amigo, ambos entendían lo que esto significaba: tenían intereses compartidos, entendían las metas el uno del otro y disfrutaban la vida juntos. Ya las cosas no son tan sencillas. Usted puede tener docenas, incluso cientos, de amigos que nunca conoció en IRL (en la vida real, por sus siglas en inglés). Ellos le pueden seguir en los medios sociales, o vice versa, sin realmente saber quién es usted o qué le hace funcionar.

Mientras escribo esto, el estadounidense promedio tiene más de trescientos amigos en Facebook, pero solamente dos personas se consideran ser amigos cercanos.[1] Y eso es un tercio menos de amigos de lo que tenía la persona promedio hace veinticinco años.[2]

Además, de acuerdo con el *American Sociological Review*, un cuarto de los estadounidenses (es decir, alrededor de ochenta millones de personas) dicen que no tienen ningún —cero, nadie— amigo cercano.

¿Por qué el descenso? Yo quería saberlo, así que hice algunas investigaciones por Internet. Aunque hay muchas teorías, puedo resumir en cuatro razones principales por qué la gente tiene menos amigos ahora.

1. *Las personas están trabajando más.* Mientras más horas trabajan, menos tiempo tienen para las relaciones sociales. Más y más personas dicen que sus amigos más cercanos son compañeros de trabajo debido a que son menos capaces de desarrollar o mantener amistades fuera del trabajo.[3]

2. *Las personas se mudan más a menudo.* En nuestra economía móvil, las personas no permanecen en el mismo lugar tanto tiempo como antes, así que no se acercan a otros tanto como en el pasado.

3. *Las personas se divorcian más que antes.* Un cónyuge se queda con el sofá, la mesa y el televisor mientras que el otro recibe el reclinable, el refrigerador y la cama. Al igual que dividen las posesiones entre sí, las parejas también dividen las amistades según quien tienda a favorecer a uno o al otro.

4. *Las personas están hablando más en línea que personalmente.* Aunque sabemos los beneficios de los

medios sociales, la comunicación en línea tiene su lado negativo (lo cual cubrí en mi libro previo *#Struggles: Following Jesus in a Selfie-Centered World* [#Luchas: Seguir a Jesús en un mundo selfie-centrado en sí mismo]. Muchas personas filtran con cuidado lo que van a decirle a otros, de manera que solo cuentan lo mejor de sí misma. Esto hace que sea mucho más difícil entablar relaciones auténticas en el mundo real.

Aunque la mayoría de nosotros ahora está ocupada con más actividad en línea, muchos experimentamos menos intimidad personal. Por ejemplo, muchas personas no contestan el teléfono cuando este timbra y dejan que la llamada pase al correo de voz. Si el que llama deja un mensaje, es posible que lo escuchemos más tarde, a nuestra comodidad, y luego, si queremos, responderemos con un texto. Eso nos permite controlar la «conversación».

Y esto nos está golpeando de muchas más maneras de las que puedo contar. Conozco personas que revisan su página Facebook a medianoche porque se sienten solas. Pueden tener setecientos amigos Facebook, pero ni un solo amigo cercano en la vida normal.

> **Estamos conectados, sin embargo, nos sentimos más solos que nunca.**

Estamos conectados, sin embargo, nos sentimos más solos que nunca.

La pobreza solía significar una sola cosa. Ahora los sociólogos reconocen por lo menos tres tipos de pobreza (y hasta enumeran más formas). Las tres divisiones de pobreza que más a menudo veo mencionar son:

1. Pobreza material: falta de bienes básicos.
2. Pobreza espiritual: falta de significado eterno.
3. Pobreza relacional: falta de amistades íntimas.

Esta tercera parece haber sorprendido a muchos. Pero si usted la considera, tal vez reconozca que también es cierta para usted. Algo anda mal. Falta algo importante. Es posible que reconozca que en realidad no es algo sino alguien. De acuerdo al lugar donde usted se encuentre, la decisión más necesaria pudiera ser relacionarse. Porque créalo o no, conocer a un amigo es la distancia que lo pudiera estar separando o evitando que usted haga un cambio en su vida.

## 6.3 Los siete magníficos

La decisión de relacionarse con otra persona puede tener beneficios más allá de nuestros sueños más descabellados. Por ejemplo, durante años tuve la bendición de tener amistad con un hombre inusual, un hombre que cambió mi vida y ministerio para siempre. Lyle Schaller (que pasó al cielo hace solo unos años) tenía unos setenta y cinco años cuando nos conocimos. Todavía era un consultante de iglesia, tan avanzado que muchas personas creían que estaba un poco chiflado. Nuestra iglesia tenía menos de dos años y yo tenía casi treinta años cuando por primera vez conversé profundamente con Lyle como mi mentor.

En ese tiempo la iglesia se reunía en una pequeña fábrica de bicicletas que convertimos en un edificio provisional para la iglesia. Como era tan pequeña, teníamos que celebrar tres cultos para acomodar a todos los que querían asistir. (No había tanta gente, sino que el lugar era muy pequeño). Cuando hablé con Lyle, yo estaba considerando añadir un cuarto culto, aunque todos los que me rodeaban me decían que sería demasiado y que no debía ni considerarlo. Pero para ser justo, a mediados de la década de 1990 no supe de ninguna iglesia protestante en Estados Unidos que celebrara cuatro cultos durante un fin de semana, así que esta idea parecía estar muy a la vanguardia.

Pero luego de presentarle a Lyle mi visión sobre un servicio adicional y mostrarme tan entusiasta, aunque a la vez tan maduro como me fue posible, mi nuevo amigo mayor me miró con tristeza y me dijo: «Ese es el problema con ustedes los jóvenes. Todos piensan de una manera demasiado pequeña». ¡Ay! Eso no era lo que yo esperaba escuchar, así que me sentí un poco ofendido, pero Lyle realmente había captado mi atención. Él siguió diciéndome: «No debe pensar en tres o cuatro servicios. Ni tampoco en cuatro o cinco. Ni siquiera debe pensar en cinco o seis. Debe estar considerando *siete* servicios en su primer local, y luego siete en su segundo, tercero, cuarto y así sucesivamente».

No me di cuenta de que mi boca estuviera tan abierta hasta que me sentí la lengua seca por completo. Él me ocasionó un dolor de cabeza. Estuve tan confundido que no sabía con seguridad si podría contar hasta siete. ¿Estaba loco este viejo? ¿*Siete*? Quizá la gente tenía razón acerca de este hombre. Tal vez Lyle estaba loco. Quizá no había puesto su dedo sobre el pulso de la iglesia. Quizá yo debía agradecerle su tiempo con mucha amabilidad, y luego levantarme y escapar.

Pero no podía salir. Estaba fascinado. Tenía que escuchar más. Mientras más hablaba él, más reconocía yo que mi nuevo amigo no estaba loco. Él podía visualizar un futuro que nadie más podía percibir. Y tenía razón.

Cuando escribí estas palabras, nuestra iglesia estaba celebrando 164 cultos durante los fines de semana en veinticinco locales de siete estados. Pero cuando usted lea esto, es probable que cada una de estas tres cifras ya hayan subido. Muchas de nuestras iglesias realizan ocho cultos cada fin de semana en sus edificios correspondientes. Algunos tienen hasta nueve. Esto significa que tengo el privilegio de servir a muchas personas. Y no lo hubiéramos podido hacer sin la visión del futuro y el ánimo de Lyle.

Uno de mis recuerdos más felices de Lyle fue una conversación que sostuvimos por teléfono poco antes de que él falleciera. Me emocioné al decirle que teníamos ocho servicios, no los siete que él recomendaba. Él se quedó en silencio. Cuando recuperó la compostura para volver a hablar, yo pude escuchar la sonrisa en su voz. «¿Sabe algo? Sinceramente no pensé que ocho fueran posible».

En medio de nuestra risa le dije: «¡Ese es el problema con ustedes los viejos! Piensan de una manera muy pequeña».

Tuvieron que pasar varios años, incluso décadas antes que la gente percibiera la sabiduría que había en el pensamiento adelantado de Lyle Schaller. Lo extraño, pero él me dejó un legado perdurable. Sin duda algunas iglesias alrededor del mundo son mejores hoy porque él invirtió en sus pastores. En todo el mundo se transformaron vidas eternamente debido a su influencia. Y para mí, una conversación con un hombre alteró mi destino y nuestro ministerio, al mismo tiempo que impactó a decenas de miles de personas. ¿Quién es el Lyle Schaller en su vida ahora mismo?

## 6.4 Recomiende a otros

Cuando usted decide relacionarse con las personas, cambiará la historia que algún día usted contará. Esto siempre ha sucedido así en la historia. Solo tiene que considerar al hombre que escribió más que un tercio del Nuevo Testamento, el apóstol Pablo.

Pablo no siempre fue cristiano. Antes de ser un seguidor de Jesús, era Saulo de una ciudad llamada Tarso, un tipo colérico que perseguía y mataba a los cristianos. Si a usted no le gustaban los grupi o admiradores de Jesús, entonces Saulo le hubiera encantado. Pero después de matar a aquellos que creían que Jesús había resucitado, Pablo se convirtió en uno de ellos.

Su transformación fue tan grande, tan radical y tan transformadora que de inmediato ya Saulo, transformado en, Pablo quería hablarles a otros acerca de Jesús. El problema era que ningún cristiano confiaba en él por razones obvias.

El segundo libro que escribió Lucas lo expresa así: «Cuando llegó a Jerusalén, trataba de juntarse con los discípulos, pero todos tenían miedo de él, porque no creían que de veras fuera discípulo» (Hechos 9.26). No se puede culpar a los discípulos de su escepticismo. ¡A mí no me gustaría que el hombre que el mes pasado mató a los cristianos viniera a dirigir el estudio bíblico en mi grupo pequeño! ¿Y a usted?

De modo que Pablo tenía un problema. El amor y la gracia de Cristo lo habían transformado. Debido a Jesús, Pablo quería predicar. Él sabía que Dios lo había llamado a hacerlo, pero los que habían seguido a Jesús durante mucho tiempo no le tenían ni una onza de credibilidad. Así que Pablo alcanzó a cualquiera que le diera una oportunidad para presentar su nueva pasión y amor por Jesús. Poco sabía Pablo que su decisión para conectar no solo cambiaría su historia, sino que añadiría a la Palabra de Dios y alteraría la historia del mundo. Como ve, la distancia que separaba a Pablo para cambiar el curso de su destino era un amigo. Y este amigo fue un hombre que se llamaba Bernabé.

Lucas muestra con claridad cómo Bernabé le brindó su credibilidad a Pablo y lo recomendó: «Entonces Bernabé lo tomó a su cargo y lo llevó a los apóstoles. Saulo les describió en detalle cómo en el camino había visto al Señor, el cual le había hablado, y cómo en Damasco había predicado con libertad en el nombre de Jesús. Así que se quedó con ellos, y andaba por todas partes en Jerusalén, hablando abiertamente en el nombre del Señor» (Hechos 9.27, 28).

¿Qué sucedió? Bernabé arriesgó su reputación al darle crédito a la conversión de Pablo, dejando saber que era real y no un truco del caballo de Troyas para infiltrar a los discípulos de Jesús. Bernabé aseguró que la fe en Cristo de su nuevo amigo era genuina, y les contó a los demás discípulos la pasión que sentía Pablo al predicar acerca de Jesús, algo que sería difícil de fingir. Gracias a Bernabé, los demás discípulos le dieron una oportunidad a Pablo.

Una amistad.

Una diferencia masiva en la vida de Pablo.

Una diferencia incluso mayor en el mundo.

Si usted solo decide acercarse y relacionarse con las personas adecuadas, tal vez una amistad sea la distancia que lo separe de cambiar su destino.

Es posible que una relación sea la distancia que lo separe de cambiar el mundo.

## 6.5 Usted es la persona

Al considerar lo que pudiera significar el riesgo de relacionarse con otros, revelar su corazón, sus luchas reales, sus sueños locos, considere las tres clases de amigos que todo el mundo necesita para alcanzar el potencial que Dios le otorgó: (1) un amigo que le desafíe y le obligue a hacer lo mejor, (2) un amigo para ayudarle a encontrar su fortaleza en Dios y crecer en su fe, y (3) un amigo que le diga la verdad, especialmente cuando no quiere escucharla. Para ilustrar estas tres clases de amigos, veamos la vida de David en el Antiguo Testamento para ver las personas que Dios usó para hacerle el hombre que Dios quería que fuera.

Primero, todo el mundo necesita un amigo que lo mejore, que lo haga querer mejorar. No hay que saber mucho acerca de la vida de David para reconocer que él estaba lejos de ser perfecto. Pero a pesar de todos sus errores, pecados y deficiencias, la Biblia describe a David como «un hombre conforme a mi corazón» (Hechos 13.22). Si usted estudia la vida de David, verá con claridad que las personas apropiadas en el momento oportuno le ayudaron a llegar a ser el hombre correcto.

Aunque David tuvo muchos amigos que lo mejoraron, quisiera empezar con Samuel. Cuando Dios

**Todos necesitamos un amigo que nos mejore.**

rechazó a Saúl como rey (y este es un Saulo diferente al que mencionamos antes, ¿qué sucedió con este nombre?), Dios escogió al profeta Samuel para identificar y ungir al próximo rey de Israel. Cuando Samuel visitó la casa de Ben Isaí (el padre de David), vio a un candidato obvio. El hijo mayor era fuerte, guapo y calificado. Samuel consideró que con toda seguridad este era el hombre que Dios había seleccionado para ser el rey. Pero Dios le dijo que no se fijara en la estatura porque Dios no se fija en las mismas cosas que las personas ven. La mayoría de las personas juzgan a los demás por su apariencia, pero Dios mira más allá de las apariencias, Él mira el corazón (ver 1 Samuel 16.7).

Cuando resultó obvio que ninguno de los hijos era el escogido de Dios, ellos finalmente llamaron al menos probable, el más joven que estaba apacentando las ovejas. «El Señor le dijo a Samuel "Este es; levántate y úngelo"» (1 Samuel 16.12). Todos se quedaron consternados con este anuncio. David no era más que un niño, y en la selva era un poco rudo con el rebaño de ovejas de la familia. Nadie en la familia habría elegido a David como el próximo rey. Pero Dios usó a un hombre, Samuel, para ayudar a David a ver que la voluntad de Dios para su vida era mucho más significativa de lo que cualquiera pudiera imaginar.

Samuel hizo que David mejorara. Lo hizo mucho mejor. El profeta ayudó a David a verse como Dios lo veía, como un líder, un guerrero, un poeta y un rey. Él no era un niño cualquiera creado para no hacer más que pastorear ovejas durante el resto de su vida. Samuel le dijo a David: «¡Tú eres el elegido! ¡Dios te ha escogido!». Dios tuvo un plan glorioso y Samuel ayudó a David a darle un vistazo a esto.

¿Tiene usted amigos que le ayudan a ser mejor, personas que ven su potencial para la realeza? Piénselo. ¿Sus amigos en el gimnasio le hacen sentir mejor? ¿O las damas en el grupo de lectura le ayudan a crecer? ¿Las personas en el trabajo le hacen más perspicaz? ¿Las madres con quienes corre le ayudan a crecer?

Si no, entonces relaciónese con alguien nuevo, con alguien que le mejore a usted.

Hace años me hice amigo de un hombre en el gimnasio llamado Bart que me cambió el cuerpo de más maneras de las que puedo contar. He hecho ejercicios durante la mayor parte de mi vida, hace más de veinte años. Pero también comía lo que se me antojaba, me refiero a cualquier cosa que tuviera azúcar o sal (especialmente azúcar *y* sal): rosquillas, panes de canela, torta, helado, barras de chocolate, fritas y salsa, fritas y queso, fritas y lo que estuviera a mi alcance.

Pero un amigo era la distancia que me separaba de un cambio en mi futuro físico. Me fijé que Bart no hacía mucho más ejercicio que yo, pero tenía un aspecto físico muy diferente al mío. ¡Bart tenía un abdomen y una musculatura ejemplar! Siempre pensé que se debía a la genética, pero Bart me ayudó a ver que la dieta es tan importante como el ejercicio. Poco a poco él me ayudó a hacer pequeños cambios. Primero agregué proteínas. Entonces reduje los carbohidratos. Luego agregué vitaminas. Entonces corté la cantidad de postres. Y juntos ajustamos mis ejercicios. Luego de un tiempo, yo estaba más fuerte y más delgado, y me sentía mejor. Pero lo más importante, estaba más saludable, posiblemente más saludable que nunca.

Un amigo.

Demasiados cambios para contar.

Si necesita acercarse a Dios, relaciónese con la persona adecuada que le ayude. Si quiere un matrimonio bueno, no hay nada como hacer amistad con personas que tengan matrimonios fuertes. Si quiere aumentar sus agilidades como padre/madre, puede encontrar a alguien sabio y relacionarse con ellos. Camine con los sabios y será más sabio. Si quiere iniciar una empresa, entonces espigar con alguien que haya comenzado un negocio exitoso puede ser un buen lugar para comenzar. Si necesita manejar mejor sus finanzas, yo sé que, si ora pidiendo una influencia apropiada, Dios contestará esa oración.

El hijo de Salomón, el hombre más sabio que jamás vivió, dijo: «Como el hierro se afila con hierro, así un amigo se afila con su amigo» (Proverbios 27.17, NTV). En lugar de pasar tiempo con personas que quitan filo a sus destrezas o menosprecian sus sueños, es hora de comenzar a encontrar amigos que afilan. Si se ha relacionado con alguien que hoy lo mejora, las historias que cuente mañana serán más significativas para usted y para otros.

¿Quién le ve a usted, la verdadera persona dentro de su ser, como Dios le ve?

# 6.6 Lugares de seguridad

La segunda clase de amigo puede ayudarle a encontrar fuerzas más allá de usted mismo, en medio de la tentación y la debilidad. Al igual que Samuel ayudó a David a ver que Dios quería más de su vida de lo que él se imaginaba, un joven llamado Jonatán ayudó a David a encontrar fuerzas en Dios cuando más las necesitaba. Eligieron a David como el próximo rey, pero Dios no lo promovió al trono de inmediato. Todavía tenía mucho que hacer antes de reemplazar a Saúl con David. Primero, David se convirtió en un héroe de la guerra y así ganó el corazón de miles. David fue tan eficiente en el campo de batalla que las mujeres bailaban en las calles cantando: «Y exclamaban con gran regocijo: Saúl mató a sus miles, ¡pero David, a sus diez miles!» (1 Samuel 18.7). Es fácil imaginar cuántos celos sentiría el ya inseguro rey. Al sentirse amenazado por la popularidad de David que iba en aumento, el rey Saúl tramó matarlo. David tuvo que huir hasta las montañas para esconderse del destacamento del enojado rey.

Allí, en los momentos más tenebrosos de David, Dios le envió un amigo poco probable para ayudarle a encontrar fuerzas espirituales. El mismo hijo de Saúl reconoció el error de las andadas de su padre y se quedó fielmente al lado de David. Aquí encontramos cómo Samuel describe la valiente muestra de apoyo: «Estando David en Hores, en el desierto de Zif, se enteró de que Saúl había salido en su busca con la intención de matarlo. Jonatán hijo de Saúl fue a ver a David en Hores, y lo animó a seguir confiando en Dios» (1 Samuel 23.15, 16).

Me encanta esta sencilla frase que describe con tanta claridad cómo Jonatán sirvió a David: «Lo animó a seguir confiando en Dios». Tal vez no haya un gesto de más valor que un amigo pueda hacer por otro que llevarlo a Dios, animándolo a buscar su poder, queriéndolo llevar hacia el poder infinito de Dios.

Aprendí esta verdad hace años, cuando comenzaba en el ministerio. Mediante el poder de su gracia Dios me ayudó a hacer una relación que cambió mi vida. Como pastor, con menos de treinta años, estaba tan joven e inseguro que siempre me sentía descalificado para cumplir con mi llamado. Me parecía que pasaba la mitad del tiempo tratando de reasegurarme que yo podría llegar a ser un pastor de verdad.

Un día, un hombre de la iglesia me invitó a almorzar. No conocía bien a John, pero había escuchado muchas cosas buenas acerca de él. Por supuesto, no tenía cómo saber que un día, quince años más tarde, estaría empujándole hacia un perro psicópata matón. (Pero esta es una historia que usted ya conoce). Cuando acepté pensé que, como la mayoría de los que me invitaban a almorzar, me hablaría acerca de algún problema o asunto espiritual en su vida.

Nos sentamos uno frente al otro y comenzamos con una charla sin importancia, como hacen dos hombres que no se conocen bien. Pero tan pronto como el mesero se alejó, luego de traer la comida, el tono de John cambió, dando a entender que tenía una razón para invitarme a almorzar.

John dijo pensativamente: «¿Le molestaría que yo le hiciera una pregunta?»

Pensé, *Aquí viene*, e imaginé todas las posibilidades: *¿Qué hago si tengo dudas acerca de Dios?, ¿Cómo sé si soy salvo? Estoy tratando de tomar una gran decisión, pero me pregunto, ¿cómo sabré la voluntad de Dios para mi vida?*

Pero John no preguntó nada de él. Me preguntó: «¿Con quién estaría usted dispuesto a ser sincero? Sé que continuamente vienen personas a usted con sus problemas, pero me pregunto, ¿a quién va usted para buscar ayuda?».

«Uh... bien... oiga. No esperaba esto» fue todo lo que pude decir. Mi mente corrió buscando una respuesta, cualquier respuesta. *Bueno... déjeme ver... quiero decir, por supuesto hablo con Amy, entonces hay... huummm.* Al ver que no podía sacar el nombre de alguien, traté de desviar su pregunta con el intento de un chiste. «Bueno, tengo una iglesia llena de personas que están allí si las necesitara», dije con una sonrisa que no convencía a nadie.

Lo próximo que dijo John inició una crucial amistad de veinticinco años (y sigo contando) durante los cuales él me ha ayudado incansablemente a encontrar fortaleza en Dios. John dijo: «Bueno, si alguna vez necesita hablar con una persona confiable, entre todas las personas de una iglesia llena, espero que me llame a mí primero».

Y así lo hice.

Sería imposible contar la cantidad de veces que a lo largo de los años John (que es el primero en admitir que no es perfecto) me ha ayudado a encontrar fuerzas en Dios. Lo que es interesante, ahora que pienso en esto, es que no creo que jamás John me haya dado un consejo directo. Simplemente escucha cómo estoy luchando y me formula preguntas geniales. Eso es lo que siempre ha hecho. Si estoy furioso y quisiera llamar a alguien para decirle precisamente lo que pienso, John me pregunta si hacer eso sería lo más sabio. Si estoy herido, me pregunta cómo creo que Jesús respondería. Si tengo que hacer una gran decisión, John me pregunta qué consejo me daría a mí mismo. Si estoy desanimado y siento ganas de darme por vencido, me pregunta si realmente creo que Dios ha terminado conmigo. No importa cuál sea el problema, John siempre cubre mis espaldas con oración y me da un lugar seguro para recuperarme, reenfocarme y reagruparme.

Este amigo me ayuda una y otra vez a encontrar fuerzas en Dios.

Ayer hablé con un hombre que está en la cima de su mundo profesional. Tiene todo el éxito que una persona pudiera querer en su carrera, pero me dijo que su vida personal se está desmoronando. Le pregunté:

—¿A quién tiene en su vida que le anime espiritualmente? —Aguantó las lágrimas y me miró como si le hubiera preguntado: «¿Quién le lleva a usted a la luna en su cohete personal?».

—Ni siquiera tengo idea de cómo sería eso —me dijo. Luego pensó durante un segundo, y yo pensé ver un destello de esperanza en sus ojos. «Pero si usted conoce a alguien que pudiera ayudarme, me encantaría hablar con él».

Y así fue. Miré al hombre y le dije que su historia estaba a punto de cambiar. Me ofrecí a ser la primera persona que lo ayudaría. Y luego llamé a un amigo que desea ayudar a hombres exitosos que están luchando con problemas. Y ellos dos se reunirían más tarde durante esta semana. Todavía es demasiado temprano para saber, pero lo he visto centenares de veces. Esta pudiera ser la amistad que cambie el destino de este hombre.

¿Quién le ayuda a usted a encontrar fuerzas en Dios? Si no tiene a nadie, es hora que se relacione con alguien que le pueda ayudar. Dios ya tiene a esta persona preparada. Pedir ayuda no es señal de debilidad. Es señal de sabiduría.

**Pedir ayuda no es señal de debilidad. Es señal de sabiduría.**

## 6.7 Déjeme decirlo de esta manera

Todos necesitamos un amigo que nos ayude a mejorar. Y a todos nos hace falta alguien que nos ayude a encontrar fuerzas en Dios. La tercera clase del amigo que necesitamos es uno que nos diga la verdad, toda la verdad, la verdad que es de Dios, la verdad que trae concienciación. Y mientras más éxito usted logre, más necesitará de esta persona en su vida y, por extraño que parezca, más difícil le será encontrarla.

El rey David descubrió esto de una manera difícil. Durante la temporada en que los reyes debían estar en guerra, David decidió quedarse en casa en lugar de ir a la batalla. Una noche estaba en su azotea cuando vio a Betsabé, la esposa de su vecino, bañándose en el exterior de su casa. Su lujuria habló con más fuerza que su sabiduría, así que el rey envió a alguien que se la trajera. Lo interesante es que la persona que el rey David envió a buscar a Betsabé tenía que saber que ella estaba casada con Urías, uno de los amigos más cercanos del rey y uno de los mayores héroes de la guerra en Israel. Pero ya que el mensajero estaba en la nómina del rey (y tal vez temía perder más que su trabajo), hizo precisamente lo que se le pidió. Mandó a la mujer al palacio del rey. Y si usted no conoce la historia, pues una cosa llevó a la otra y Betsabé terminó embarazada.

Al darse cuenta de que esto podía convertirse en un escándalo, David intentó controlar la situación. Llamó al esposo de Betsabé a casa, calculando que Urías se acostaría con su esposa y entonces creería que el bebé era de él. Pero cuando Urías rehusó disfrutar la intimidad de su esposa mientras que sus hombres estaban en el campo de batalla, David cambió la táctica. Ordenó colocar a Urías al frente, donde moriría. Y así fue. Por desgracia, todos en la corte del rey temían decirle la verdad al rey. Así que Dios envió a un hombre que se preocupó lo suficiente como para ayudar a David a ver el camino de regreso a la senda correcta. El profeta se encontró con David y le contó una historia que era más o menos así: «Una vez había dos hombres. Uno era muy rico y el otro muy pobre. El rico tenía una cantidad sin límite de ovejas y bienes. El pobre no tenía más que un solo cordero que era como una mascota para él y su familia. Cuando el rico recibió a un huésped de visita, tomó el cordero del pobre, y lo descuartizó para la comida».

Cuando David escuchó la historia, se encolerizó y vociferó. «Tan grande fue el enojo de David contra aquel hombre, que le respondió a Natán: "¡Tan cierto como que el SEÑOR vive, que quien hizo esto merece la muerte! ¿Cómo pudo hacer algo tan ruin? ¡Ahora pagará cuatro veces el valor de la oveja!"» (2 Samuel 12.5, 6). Por fortuna, Natán quería a David lo suficiente como para decirle la verdad. «"¡Tú eres ese hombre!"» (2 Samuel 12.7). Esto fue suficiente para que el rey David se sacudiera, reconociera su rechazo y cayera de rodillas arrepentido ante Dios.

Muchas de las personas que nos rodean nos cuentan lo que queremos escuchar en lugar de ayudarnos a ver la verdad. Y mientras más exitosos lleguemos a ser, más difícil será encontrar a alguien que realmente tenga nuestro bienestar en su corazón. Esta es una razón por la cual debemos relacionarnos con personas que nos quieran hasta el punto de ser abiertamente honestas.

Amy y yo disfrutamos la bendición de tener un grupo pequeño de amigos con quienes nos hemos estado reuniendo durante los últimos doce años. Aunque nos aman como sus pastores, también nos aman lo suficiente como para hablar de manera honesta con nosotros. Hace años este pequeño grupo me ayudó muchísimo. Al final de un estudio bíblico uno de los hombres dijo bromeando que ya yo no era muy ducho en hablar cara a cara con una persona. Todos se echaron a reír, incluso yo mismo, pero su tono tenía un sentido más serio. Una de las damas dijo que la imagen que yo proyectaba al predicar era cálida, divertida y simpática, pero que en persona parecía estar más distante, a menudo distraído, incluso preocupado. De repente ya dejaba de ser tan cómico. Entonces me preguntó si le daba permiso para ayudarme a ver la impresión que daba a otros.

Como quiero y confío en estas personas, le dije que sí. Y como les di permiso, ellos pudieron ayudarme a comprender la imagen que reflejo al hablar con otros. Me dijeron la verdad, aunque no fue fácil escucharla. Al parecer, cuando yo estaba en el vestíbulo entre los cultos de la iglesia, no siempre hacía contacto ojo a ojo al hablar con la gente. En lugar de hacerlo, mis ojos andaban recorriendo el grupo. Cuando sacaron esto a colación, supe que tenían razón. Durante el receso intentaba asesorar a cuantas personas pudieran necesitar mi atención para presupuestar mi tiempo antes que comenzara el próximo servicio. Lo que pensé que era prudente en realidad era rudo y desinteresado.

Y esto solo fue el comienzo. Aquella noche aprendí mucho acerca de mis debilidades interpersonales, cosas que con toda sinceridad necesitaba oír. Mi actitud, un tipo agresivo y activo, a menudo dejaba a las personas sintiéndose menos que apreciadas. En mi corazón sabía que la gente me interesaba, pero mi lenguaje corporal decía lo opuesto. Lo extraño es que no sabía que esto estuviera sucediendo. Pensé que era genial con la gente. Poco sabía que la gente estaba tolerando mis carencias, pero realmente no disfrutaban mi compañía.

Hasta el día de hoy estoy sumamente agradecido por la honestidad de mis amigos. He tratado de vencer mis tendencias egoístas y ser constante en demostrar el valor y cuidado que tengo para todas las personas con quien me toca estar. Trato de estar completamente presente en el momento. Aunque necesito mejorar, ya soy capaz de descartar las distracciones y prestar completa atención a la persona con quien esté hablando. Valoro y respeto a las personas y espero que así lo sientan. Ninguno de estos cambios habría sido posible sin amigos de confianza que me quieren al punto de decirme la verdad.

Salomón, el hijo de David, dijo con sabiduría: «¡Una represión franca es mejor que amar en secreto! Las heridas de un amigo sincero son mejores que los muchos besos del enemigo» (Proverbios 27.5, 6, NTV). ¿Cuándo fue la última vez que un amigo le quiso hasta el punto de reprenderle abiertamente? ¿Alguien le ha querido lo suficiente como para ofrecerle una útil corrección? Si no, tal vez usted necesite una o dos relaciones importantes que le ayuden a crecer, prosperar y tener éxito.

**Todos necesitamos personas en nuestra vida que nos digan la verdad sin rodeos.**

Todos necesitamos personas en nuestra vida que nos digan la verdad sin rodeos. Es posible que usted necesite relacionarse con alguien que esté dispuesto a mostrarle lo que necesita ver para llegar a ser la persona que debe ser.

¿Qué clase de amigo necesita usted más en su vida ahora mismo? ¿Alguien que le ayude a ser mejor? ¿Alguien para ayudarle a acercarse a Dios? ¿O alguien que le diga la verdad acerca de usted? Escriba su respuesta en un cuaderno u hoja de papel.

¿Recordó ahora mismo el nombre de alguien? ¿Alguien que usted cree que le conoce mejor y que también necesita esta clase de relación? Si no, pida a Dios que le provea la persona correcta en el momento oportuno, un amigo que le ayude a acercarse a Él y tomar decisiones que le lleven a usted en una dirección divina.

## 6.8 Solo la distancia de un...

Me imagino que usted estaría de acuerdo con mi mamá en que uno llega a ser como aquellos con quienes anda.

Muchos sociólogos dicen que eventualmente uno se convierte en el promedio de sus cinco amigos más cercanos. Su moral será similar a las de sus cinco compinches más cercanos. Sus finanzas serán muy similares a las de las personas con quienes usted pasa la mayor parte de su tiempo. Su pasión espiritual (o falta de pasión) se asemejará o los que más influencia ejercen en su vida.

Al tener esto en cuenta, pregúntese: «¿En quién me estoy convirtiendo?».

Sea honesto. Sea un Natán consigo mismo. ¿Está uno o más de sus amigos más cercanos batallando con adicciones peligrosas? ¿Están luchando con las finanzas? ¿Tienen vidas arriesgadas? ¿Toman malas decisiones? ¿Son sus relaciones tóxicas? Si es así, usted está allí mismo con ellos o va en camino hacia allá.

Por otra parte, ¿está rodeado de personas que conocen y aman a Cristo profundamente? ¿Son bendecidos y generosos? ¿Tienen perspectivas positivas, llenas de fe acerca de la vida y el futuro? Si es así, ¡alabe al Señor! Es probable que usted también esté viendo muchas de esas bendiciones en su vida. Usted tiene mucho que dar a otros que quieren relacionarse con usted y descubrir lo que Dios tiene para ellos.

No importa cómo usted vea su estado, le animo a hacer un inventario de sus amistades. ¿Cuáles de sus amigos están lo suficientemente cercanos a usted, o son íntimos amigos en quienes usted tendría suficiente confianza como para desear que hablen en sus funerales algún día? ¿Quién quisiera usted que describiera el vínculo cercano y especial que tienen en común y que cuente cómo ustedes se ayudaron el uno al otro para amar y servir mejor al Señor?

Un amigo es la distancia que lo separa a usted para tener un mejor matrimonio.

Una confesión es la distancia que lo separa a usted para vencer una adicción.

Una conversación es la distancia que lo separa a usted para lograr una mejoría en su estado físico.

Conocer a una persona puede ser la distancia que lo separe a usted para salir de una depresión.

Un mentor es la distancia que lo separa a usted para ejercer sus dones y lograr ser un mejor líder.

No es muy tarde para relacionarse con alguien que cambie el destino suyo. Su decisión de comenzar ahora una relación cambiará la historia que algún día usted contará.

# 7 Confíe

*Si usted no puede ver la mano de
Dios, confíe en su corazón.*

—EMILY FREEMAN

Emilia no podía creer lo que Braulio la había convencido a hacer. Es cierto que hacía seis meses que estaban saliendo juntos, pero este próximo paso requería un nivel de confianza que probaría la relación entre ellos. ¿Le amaba? Ella no estaba segura. ¿Sí? ¿Quizá? Ella no quería adelantársele a Dios, permitiendo que sus sentimientos dictaran cómo ver a Braulio. Pero era innegable que él tenía algo especial.

Así que por loco que fuera, ella acordó probar algo que a él le encantaba: escalar rocas. A Braulio no le bastaba con arriesgar su vida al escalar las escarpadas rocas, quería que *ella también lo experimentara. Luego de muchas conversaciones y un montón de preguntas que ella sabía que eran tontas, accedió para sorpresa de ambos.*

*No era que le encantara la aventura o los riesgos. Sino que Emilia siempre se consideró sensata y práctica, no en sentido figurado, sino literalmente. Escalar rocas probaría el límite de su capacidad. Las alturas la ponían nerviosa, y mientras más subía más la hacían sentir que estaba perdiendo el control. Como novata, sabía que tendría que depender de la pericia de Braulio. Era obvio que él sabía bien lo que hacía. Y mejor aún había probado ser un instructor paciente cuando se reunían para practicar bajo techo en una pared artificial para escalar. Pero ahora ella le estaba confiando su seguridad, el nivel hasta donde estaba dispuesta a llegar con comodidad y hasta su vida.*

*Antes de hacer la primera escalada, compraron juntos las carabinas, las meriendas y zapatos para ella. Emilia bromeó: «¡Bueno, escalar las rocas parece haberse convertido en un compromiso importante!». Enseguida lamentó haber bromeado con esto porque no quería que Braulio creyera que ella lo estaba presionando a comprometerse con ella. Solo habían hablado vagamente acerca del matrimonio, y en realidad más acerca de la idea de esto. Ella sentía que ambos debían tener el mismo concepto sobre esto, pero era obvio que Braulio no tenía ningún apuro.*

*Él respondió sobriamente: «Lo es, Emi. Escalar requiere el mismo grado de confianza que se requiere para casarse. Estás compartiendo una experiencia con alguien y dependiendo por completo del otro, y también de Dios, por supuesto». Los dos se sintieron un poco raros y dejaron que pasara el momento. Braulio cambió el tema a los sabores de las nuevas barras nutritivas.*

*Pero Emilia no dejaba de pensar en lo que él le había dicho. ¿Qué si escalar rocas se trataba de algo más que escalar rocas? ¿Qué si se trataba acerca de su futuro con Braulio? Ella sintió que Dios estaba a punto de llevarla a una altura en la que jamás había estado.*

*Tendría que depositar su confianza en Él.*

## 7.1 Clima tormentoso

Vivo en Oklahoma, donde el tiempo puede cambiar muy rápidamente de una manera dramática. Un año, en marzo, tuvimos el día más bello y soleado de la primavera, con veintiocho grados Celsius. Al día siguiente nevó ocho centímetros. Y por dramático que esto parezca, no es nada en comparación a la temporada de los tornados. Usted puede disfrutar un bello pícnic en el parque y un par de horas más tarde estar buscando refugio para ampararse de un tornado que puede poner su vida en peligro. Las tormentas parecen venir de la nada.

Como también sucede con nuestras vidas.

Mi pastor siempre solía decir: «Usted está saliendo de una temporada difícil en la vida, está en medio de una o está a punto de entrar en una». Es cierto que esto no anima mucho, pero tengo que admitir que a menudo parece ser así. La vida es difícil. Aunque no estemos pasando un tiempo severo, parece que a menudo estamos cerca de otros que sí lo están pasando.

Incluso al escribir esto, mi familia ha estado enfrentando algunos retos. Acaba de morir el que ha sido esposo de mi madre durante catorce años. Fue difícil para todos nosotros, pero todavía más difícil fue ver el dolor de mi mamá. Mientras contaba sus relatos favoritos acerca de Jack, ella alternaba entre una sonrisa y un llanto por su pesar, intentando conciliarse con el hecho de que nunca más despertaría con él a su lado. Un miembro cercano de la familia llamó con malas noticias del médico. Esperábamos que Dios lo sanara o que la cirugía planeada pudiera resolver los asuntos con los que estaba batallando. Al mismo tiempo uno de mis hijos estaba pasando una prueba dolorosa, mientras que una preciosa muchacha de la oficina acababa de perder su bebé durante el primer trimestre de embarazo.

La vida es dura.

Si usted (o alguien en quien usted se interese) no está enfrentando grandes desafíos ahora, mejor sería hacer una pausa para disfrutar el momento al mismo tiempo que se lo agradece a Dios. La verdad es que, en este mundo teñido de pecado, los ratos sin dolor no parecen durar mucho tiempo. Cómo reaccionaremos cuando la vida se ponga difícil, y todos sabemos que esto sucederá, puede edificar nuestra fe y acercarnos a Cristo o puede debilitar nuestra intimidad con Él al mismo tiempo que nos deslicemos en una dirección equivocada.

Ayer hablé con una mujer, durante un juego de balompié de mi hijo, que ha estado luchando con algunos problemas de salud. Ella me explicó lo cerca que estaba a Dios hace años y cuán activa estaba en nuestra iglesia, pero cuando comenzó a pasar por «el fuego», se preguntó por qué Dios lo permitía. Yo sabía que a ella le daba un poco de pena estar hablando conmigo acerca de esto. Luchaba, tratando de controlar sus lágrimas, pero me dijo: «¿Cómo puedo adorar a un Dios en quien no puedo confiar?».

Su pregunta golpea el mismo centro de una de las mayores decisiones de la vida. ¿Confiaremos en que Dios es bueno incluso cuando la vida no lo es? Nuestra reacción ante el dolor y los retos determinarán nuestro futuro. Si decidimos confiar, creceremos en la fe, profundizaremos en nuestra intimidad con Dios y seremos conformados a la imagen de Cristo. Pero si dejamos nuestros corazones a la deriva, un día despertaremos ahogados en las dudas, enterrados por las cargas y sintiéndonos muy lejos del único que nos puede ayudar a sanarnos.

> ¿Confiaremos en que Dios es bueno incluso cuando la vida no lo es? Nuestra reacción ante el dolor y los retos determinarán nuestro futuro.

Nuestra forma de reaccionar ante los retos determinará las historias que un día contaremos. Su decisión de confiar en Dios durante las tormentas de la vida pudiera ser una de las mejores decisiones de su vida.

## 7.2 ¿Le parece que esto está derecho?

Como pastor, creo que la duda es uno de los retos más importantes que la gente encara, y también uno de los menos mencionados hoy en día. Muchos cristianos since-ros batallan una y otra vez contra las dudas espirituales, pero pocos son los que se sienten cómodos al hablar de esto con otros creyentes. Es casi como si fuera un indicio de debilidad, falta de fe o falta de compromiso con Cristo.

Algunos dicen con confianza: «La Biblia lo dice. Yo lo creo. Esto lo resuelve todo». Alguien que conocí solía decir: «Ahora mismo mi fe está hablando tan alto que no puedo escuchar ninguna duda».

Pero esta no es la experiencia de la mayoría de la gente. Y tampoco es la mía.

Por cada persona que tiene una fe completamente sólida, conozco a diez que son escépticos por naturaleza. A menudo son personas pensativas, inteligentes, analíticas que *desean* confiar en Dios con todo lo que hay en sus vidas, pero antes de confiar necesitan resolver algunos asuntos. El escepticismo sincero no es malo en sí.

La mayoría comenzamos este proceso durante la niñez, mientras vamos cambiando de creer todo lo que nuestros padres y maestros nos decían hasta comprobar la sabiduría de ellos con nuestra experiencia. Recuerdo estar sentado en la iglesia cuando era un niño, aburrido como de costumbre. Ya había dibujado un cuadro de Superman en todos los sobres de la ofrenda. Habíamos terminado la cuarta estrofa del último de los himnos obligatorios. (Siempre se cantaban la primera, segunda y cuarta estrofas. Todavía no sé por qué siempre pasábamos por alto la tercera estrofa). Y después nuestro pastor, con una sonrisa y su toga puesta, subía al púlpito que tenía el tamaño de una carroza de las paradas y presentaba su sermón acerca del pasaje de las Escrituras para ese día.

Por alguna razón me parecía que algo no andaba bien. Aquella mañana entré en la iglesia convencido de que Dios era real. Pero entonces, mientras escuchaba el sermón, varias preguntas inundaron mi mente: *¿Qué si todo esto acerca de Dios no fuera cierto? ¿Qué si solo estamos imaginando que hay un Dios? ¿Qué si hay un Dios, pero no es el que adoramos en esta iglesia? ¿Qué si todos aquí creen en Dios por ser lo que la mayoría de los norteamericanos están preparados a creer? Yo acostumbraba a creer en Santa Claus, en el conejito de la Semana Santa y en el ratoncito Pérez y mira a dónde me ha llevado todo aquello.*

No se equivoque. No es que en un momento fuera cristiano y en el próximo ateo. Todavía *quería* creer en Dios, pero ahora esto era más difícil. La represa de mi aceptación infantil cedió ante mi curiosidad y desarrollo cognitivo, lo cual me obligó a considerar qué era verdad para mí.

Así que hice lo que cualquier niño de ocho o nueve años haría. Traté de negociar con Dios. Mire, he prestado atención en cuanto a cómo funcionaban las cosas. Por la Escuela Dominical yo supe que Moisés vio una zarza ardiendo. David tuvo la ayuda de Dios al enfrentarse con un león, con un oso y con un tipo muy grande llamado Goliat. Y Sadrac, Mesac y Abednego no se quemaron en el horno de fuego. Así que decidí que Dios podría darme algo pequeño que me ayudara a creer.

Esto solo parecía ser razonable.

Como yo no era uno de los héroes enumerados en Hebreos 11, no me pareció correcto pedir algo masivo. No pedí que Dios detuviera el sol ni que enviara a mi cuarto parejas de animales para probar que era real. No, simplemente fui a un cuadro en la pared de mi cuarto y lo cambié de recto a un poco torcido. No sé por qué seleccioné esto, pero fue así.

Entonces tuve una rápida conversación con el Dios Todopoderoso del universo que fue más o menos así: «Dios, quiero confiar en ti, pero no estoy seguro si eres real. Así que moví un cuadro en la pared de mi habitación y ahora está torcido. ¿Me lo puedes enderezar mientras duermo? Si al despertarme ya tú lo enderezaste, sabré que eres real y te serviré el resto de mi vida». Esto parecía ser un pedido sencillo y lo suficientemente fácil para un Dios para el cual todo es posible.

Al siguiente día todavía el cuadro estaba torcido.

Decir que me sentí devastado sería poco. Estaba convencido de haber hecho un trato justo y patéticamente fácil de cumplir. Sabía que Dios no duerme, así que podía haber cumplido con mi pedido mientras yo dormía. Sería pan comido. Sin embargo, todavía el cuadro estaba torcido.

Así que intenté hacer lo que muchos parecen hacer. Intenté enterrar mis dudas.

El único problema era que no se quedaban enterradas.

Quería confiar en Dios por completo, pero no podía hacerlo.

La duda, o la ausencia de confianza, se presenta en todas las formas y tamaños. Algunos pueden dudar de la existencia de Dios. Otros creen que es probable que Él sea real, pero que no se involucra mucho en nuestras vidas cotidianas. Tal vez algunos desconfían de su bondad, diciendo que, si Dios realmente es bueno, no permitiría tanto mal y sufrimientos en el mundo. Algunos no oran mucho, o nada, porque dudan que sus oraciones hagan alguna diferencia.

¿Está Dios ahí?

¿Es real?

¿Es bueno?

¿Está involucrado?

*¿Tiene algún interés en nosotros?*

Algunos dicen que, si usted tiene alguna duda, es porque carece de una fe fuerte. Yo creo, viéndolo desde un ángulo diferente, que usted no tendrá una fe fuerte si antes no lucha honestamente contra algunas dudas. Para decidir confiar, hay que permitirse dudar.

## 7.3 Tomás el confiado

Muchas personas luchan para confiar plenamente en Dios porque quieren un enfoque lógico y racional para la vida. Buscan algo científico, verificable y constante que pueda sostener su fe. Pero la misma naturaleza de la fe requiere confiar en algo, o en alguien, que por naturaleza no es siempre predecible o comprensible de acuerdo a las normas humanas. Aunque usted no esté programado así, es fácil comprender el deseo de tener una prueba irrefutable de la presencia benevolente de Dios en nuestras vidas.

Querer una prueba no es nada nuevo. Aunque usted no sepa mucho acerca de la Biblia, es probable que haya oído de Tomás el incrédulo. Lo interesante para mí es que solo hay doce versículos que mencionan a Tomás y, sin embargo, llevamos siglos rotulándolo como el más grande de los incrédulos cuando en realidad esto solamente fue una pequeña porción de su historia.

El resto de la historia de Tomás nos da una evidencia explícita de que los que dudan pueden llegar a ser personas de gran fe. Después que Jesús murió en la cruz y resucitó de entre los muertos, Tomás dijo que no lo creería a no ser que viera una prueba. Y en lugar de ponerse bravo con Tomás y rechazarlo por su falta de fe, Jesús le dio a Tomás precisamente lo que necesitaba para creer. «Pon tu dedo aquí y mira mis manos. Acerca tu mano y métela en mi costado. Y no seas incrédulo, sino hombre de fe» (Juan 20.27).

Quizá en este tiempo de la vida usted pueda comprender el anhelo de Tomás por tener certeza. Usted no lo entiende todo acerca de Dios. Algunas cosas en su vida no concuerdan. Tiene preguntas. Dudas persistentes. Tiene algunas dudas espirituales.

Es posible que crea en Dios, pero no tiene completa confianza en Él.

Puede ser que esté comprometido con seguir a Jesús; sin embargo, una porción de su ser realmente no sabe el interés que pueda Dios estar sintiendo por usted.

Tomás aprendió la misma respuesta que usted pudiera experimentar. Hay una diferencia entre creer *en* y creer a. Tomás creía *en* Jesús. Pero una vez que tocó a su Señor, una vez que sus preguntas tuvieron respuestas, una vez que se resolvió la tensión, Tomás ya no creía *en* Jesús sino *a* Jesús.

Considere cómo la fe y la confianza de Tomás en Jesús cambió la historia que un día él contará de manera dramática. De haber seguido dudando, su historia podría ser así:

*Es verdad que fui uno de los doce que Jesús eligió para seguirle como un discípulo. Y vi casos que todavía son difíciles de creer. Vi a Jesús abrir ojos ciegos, sanar oídos sordos, incluso levantar a los muertos. Pero había algo superior a sus milagros. Su amor fue indescriptible. Jesús amaba a las personas que los demás odiaban. Y ese amor fue totalmente genuino. Y sus enseñanzas... eran como si vinieran directamente del cielo. Así que se podrá imaginar lo destrozado que estuve cuando los soldados romanos lo prendieron y le pegaron. Saber que sufrió tanto fue demasiada carga para mí. Pero esto no es lo que me mató. Cuando murió, todas mis esperanzas murieron con Él. Sí, los otros decían que había resucitado de los muertos, pero yo, sencillamente, no lo creí. Pedro todavía sigue predicando sobre esto. Santiago está dirigiendo una iglesia. Juan no deja de hablar del amor de Jesús. Pero yo, volví a casa. Ojalá pudiera creer que Él volvió, pero no lo creo.*

Pero esta no es la historia de Tomás. El una vez incrédulo se convirtió en uno de los creyentes más llenos de fe. Tomás estuvo tan convencido de que Jesús había resucitado que dejó su cómodo ambiente y viajó hasta la India para hablarle a la gente acerca de Jesús. Se conoce como el primer evangelista que llevó el evangelio a esta parte del mundo y lo presentó con denuedo. Y cuando los oponentes de Cristo amenazaron su vida si no renunciaba a su fe, Tomás permaneció firme. Como resultado, los que odiaban a Cristo le tiraron una lanza, convirtiéndolo en un fiel mártir del evangelio.

Tomás el incrédulo se convirtió en Tomás el creyente, y esto cambió el resto de su historia. Su vida nos enseña que la duda no es el fin de la fe verdadera, sino que a menudo es el inicio. Tomás confió en Cristo al punto de morir por Él. ¿Confía usted en Él lo suficiente como para vivir por Él?

> **Tomás confió en Cristo al punto de morir por Él. ¿Confía usted en Él lo suficiente como para vivir por Él?**

## 7.4 Salvavidas

Ya hace más de veinticinco años que estoy casado, y gracias a Dios he aprendido una importante lección acerca de cómo reaccionar cuando Amy está alterada. La mayoría de las veces, cuando mi esposa me cuenta sus luchas, ella no quiere que yo se las arregle, sino que solo me interese en lo que está experimentando. Me quitó mucha presión entender que ella no deseaba una lluvia de posibles soluciones ni que le dijera cómo arreglar sus problemas. Ella solo quería que yo escuchara con mi corazón y que me interesara en el hecho de que algo le dolía.

Y las mujeres no son las únicas que quieren ser escuchadas en medio de las luchas de la vida. Todos lo queremos. Cuando la vida parece estar al revés, es humano querer tener la seguridad de que todo saldrá bien. Lo sabíamos por intuición cuando éramos pequeños, y aunque al pasar los años aprendimos a esconderlo y a defender nuestros corazones, todavía deseamos sentir que nuestros dolores le importan a alguien. Y estoy convencido de que anhelamos creer que le importan a Dios.

Hay cierta evidencia de esto al ver cómo reaccionaban los discípulos cuando venían los problemas. Una vez Jesús y sus discípulos se embarcaron en un bote pequeño para cruzar el Mar de Galilea. Este pequeño caudal de agua está a unos doscientos metros por debajo del nivel del mar, es una cuenca rodeada de colinas y tiene un ambiente perfecto para que aparezca una tormenta repentina. Y esto es precisamente lo que sucedió durante su corto viaje al otro lado del Mar de Galilea. Marcos escribió: «Se desató entonces una fuerte tormenta, y las olas azotaban la barca, tanto que ya comenzaba a inundarse. Jesús, mientras tanto, estaba en la popa, durmiendo sobre un cabezal, así que los discípulos lo despertaron. —¡Maestro! —gritaron—, ¿no te importa que nos ahoguemos?» (Marcos 4.37, 38).

Ahora bien, he oído que algunos critican a los discípulos por haberse preocupado por la tormenta. Yo no. Entiendo perfectamente la reacción de ellos. Cuando tengo que volar, no soy un gran aficionado de la turbulencia. Hace poco estuve en un vuelo que más bien parecía ser una atracción de un parque de diversión que un vuelo comercial. Si Jesús hubiera estado a mi lado durmiendo durante todo esto, les garantizo que lo hubiera despertado. «¿No sentiste eso? ¿No vas hacer algo al respecto?»

Vemos la falta de confianza de los discípulos por la pregunta que hicieron: «¿No te importa que nos ahoguemos?». En otras palabras, «estoy tratando de confiar en ti, pero nuestras vidas peligran y tal parece que ni siquiera te das cuenta de eso. He consagrado toda mi vida para seguirte, intento aprender cómo hacer las cosas a tu manera y, sin embargo, tal parece que no me entiendes en lo más mínimo».

¿Alguna vez ha hablado usted con Dios en estos términos?

*Señor, ¿no te importa que esté lastimado? ¿No te importa que todas mis amigas se estén casando y que todavía yo esté soltera? ¿No te importa que mi abuela tenga cáncer? ¿No te importa que mi cónyuge me esté engañando? ¿No te importa que haya orado durante años, pidiéndote que hagas algo y tal parece que ni siquiera te has fijado?*

Después que los discípulos expresaron su temor y falta de confianza, Jesús se levantó e hizo lo que tantas veces hacía. Hizo un milagro. Reprendió al viento y a las olas. Dijo a la tormenta feroz: «¡Silencio! ¡Cálmate!»

De repente todo volvió a estar en calma. Entonces Jesús dirigió su atención a los discípulos e hizo una de las preguntas más importantes que podía haber hecho.

«¿Por qué tienen tanto miedo? —dijo a sus discípulos—. ¿Todavía no tienen fe?» (Marcos 4.40).

Fue como si estuviera diciendo: «¿De veras? ¿No me conocen ya? ¿Creen que realmente dejaría que les pasara algo aquí?». Me pregunto cuántas veces Jesús no habrá querido preguntarnos algo similar. «¿Por qué tienes tanto temor? ¿Por qué dudas de mi bondad? ¿Por qué intentas hacerlo todo por tu cuenta? ¿Por qué no confías en mí?»

Muchas personas creen que, si uno es cristiano, no debe tener problemas. Si está siguiendo a Jesús, no se debe experimentar pruebas, ¿no es cierto? En realidad, están completamente equivocados. Incluso Jesús prometió lo opuesto: «En este mundo afrontarán aflicciones» (Juan 16.33). Gracias a Dios no terminó su promesa sin añadir: «Pero, ¡anímense! Yo he vencido al mundo».

Si es cierto que Dios nos ama tanto, ¿por qué permite que las cosas se vuelvan todavía más difíciles para nosotros? Es cierto que no puedo contestar esta pregunta totalmente, pero sí sé esto: cuando las cosas van bien, la gente tiende a olvidarse de Dios. No me gusta admitirlo, pero hay veces en que esto es muy cierto en mi caso. Cuando todos están saludables, cuando hay fondos en el banco, cuando todas mis relaciones están bien, es fácil para mí comenzar a vivir por mis fuerzas, dejando desvanecer mi consciencia de la necesidad que tengo de Él. Pensamos: *Las cosas van bien. ¿Para qué necesito a Dios ahora?* Pero en el momento en que la vida nos da lo inesperado, Dios es el primero a quien volvemos en busca de ayuda.

Una vez tuve una conversación divertida con una dama en un avión. Son raras las veces que tengo conversaciones significativas cuando estoy con un desconocido durante un vuelo corto. Una vez que descubren que soy pastor, por lo general ya no quieren hablar más, o de pronto encienden el «hablar religioso» y dicen cosas como «Alabado sea el Señor, hermano. Estoy tan agradecido por volar cerca a los cielos donde algún día volaremos con alas de águilas. ¡Gloria a Dios!»

De modo que cuando me senté al lado de una dama que estaba nerviosa por causa del vuelo, traté de desarrollar una buena relación con ella sin dejarle saber cómo me gano la vida. Como lo esperaba, tan pronto como supo que yo era un pastor, me dijo impulsivamente: «¡No creo en Dios y no quiero que intente convertirme!». Luego de prometerle que no la iba a enredar en una «reunión de evangelismo en el aire», tuvimos una conversación agradable. Es decir, hasta que volamos en medio de una turbulencia masiva.

Cuando vuelo, puedo pasar la mayoría de la turbulencia sin sentir pánico. Pero esta vez fue diferente. Tuvimos un bache aéreo tan fiero que el capitán ni siquiera intentó consolar a los pasajeros aterrorizados. Nos desplomamos con tanta violencia que varios de los compartimentos superiores se abrieron del golpe. Mucha gente gritó. Especialmente mi nueva amiga atea que temía volar.

La turbulencia fue tan severa que comencé a orar, no solo por nuestra seguridad, sino por el perdón de mis pecados, por si acaso moríamos. Que conste, creo que la sangre de Jesús ha cubierto mis pecados pasados, presentes e incluso futuros. Pero esta turbulencia fue tan severa que no estuve dispuesto a tomar ningún riesgo. ¡Así fue de espeluznante!

Ya que la dama a mi lado no tenía razón para cuidar su lengua, desató una arenga tan cruda, tan primitiva y tan alta que todos en el avión la escucharon. Elevó la profanidad a unas alturas poéticas sin par, introdujo palabras que yo no sabía que existían. Solo se aplacó una vez, haciendo un paréntesis entre sus profanidades, para inclinarse hacia mí y gritarme: «¡Todavía no creo en Dios, pero mientras ora, mejor sería que también ruegue por mí!».

Es muy fácil obviar a Dios cuando la vida es buena, pero en medio de una tormenta la idea de un Dios vuelve a ser bastante llamativa.

Jonás sabía algo de esto. Se había rebelado contra lo que Dios le había dicho que hiciera, y huía en dirección opuesta. Pero mediante una serie de acontecimientos extraños, sus acciones le alcanzaron en alta mar. Lo tiraron por la borda y un pez enorme se lo tragó. Jonás describió el incidente así: «En mi angustia clamé al Señor, y él me respondió... Al sentir que se me iba la vida, me acordé del Señor, y mi oración llegó hasta ti...» (Jonás 2.2, 7). Observe cuándo fue que Jonás recordó a Dios: durante su angustia. No recuerdo a muchas personas que recuerden a Dios durante su éxito, pero sí conozco a muchos que lo recuerdan en su angustia.

Cuando usted se está ahogando, necesita un salvavidas. Cuando hay una tormenta, necesita albergue. Cuando está lastimado, necesita un consolador.

Dios permite las tormentas en la vida por una variedad de razones, y una de ellas es para acercarnos a Él.

> Cuando usted se está ahogando, necesita un salvavidas. Cuando hay una tormenta, necesita albergue. Cuando está lastimado, necesita un consolador.

## 7.5 Pague en efectivo y lléveselo

Tal y como Jonás, yo tampoco seguí a Dios durante los tiempos de bonanza en mi vida. Aprendí a confiar en Él cuando se desató una tormenta. Lo que voy a contarles a algunos no les parecerá algo grande, pero hace diez años yo decidí confiarle a Dios unos de mis más grandes temores. Entregarle este temor en sus manos me ayudó a cambiar la historia que contaré.

Durante toda mi vida he sentido el temor abrumador de que mi familia no tenga fondos suficientes para satisfacer las necesidades de la vida. Para muchos esto es un temor irracional, pero para mí fue paralizante y casi diariamente tuvo un impacto negativo en mi vida. Cada vez que leía un nuevo libro acerca del colapso económico que se esperaba, estos temores me empapaban como si yo fuera una esponja. Mientras las personas racionales se reían del Y2K (el cambio al siglo xxi), yo compré agua, comida en lata, monedas de plata y un generador.

Una vez que se hizo obvio que estos tontos temores ejercían una influencia negativa en mi familia y en la iglesia que intentaba dirigir, decidí que realmente necesi-taba buscar a un consejero que me ayudara. Mi excelente consejero enseguida me ayudó a descubrir el origen de esta lucha de toda mi vida.

De niño, mi abuela fue una de mis más grandes heroí-nas. Durante mis años formativos ella moldeó mi vida en maneras mayormente positivas. Aunque me enseñó tantas lecciones valiosas como para llenar una biblioteca, las malas experiencias que ella vivió durante la Gran Depresión eco-nómica sembraron semillas de temor en mi mente. Puedo recordar cada detalle al estar sentado en el portal con ella mientras los carros pasaban por la calle. Yo tenía seis o sie-te años cuando las historias de mi abuela pintaron para mí un retrato vívido de la vida de su familia durante la Gran Depresión. Luchaban diariamente para tener comida. Si no había suficiente para todos, su mamá sencillamente no comía. Tuvieron a otra familia en la casa, pero ni siquiera así pudieron disfrutar calefacción durante varias semanas porque no tenían dinero para comprar el petróleo para el calentador. Mi imaginación hizo una película en mi cabeza de hombres de negocios saltando de rascacielos por haber-lo perdido todo.

No todo fue malo. Mi abuela me dio consejos prác-ticos que me podían servir de ayuda en caso que tuviera que evitar las tormentas que ella y muchos más tuvieron que afrontar. Es necesario tener oro y plata porque los metales preciosos siempre se pueden usar como dinero. El dinero impreso en papel pierde todo su valor. Y cualquier deuda es peor que la muerte. Nunca tome préstamos. Y, además, no confíe en los bancos. El hecho que hoy estén abiertos al público no quiere decir que su dinero estará allí mañana.

Recuerdo decidir a muy temprana edad que nunca dejaría que mi futura familia sufriera. Sería sabio. Estaría preparado y listo para un colapso económico inevitable. Recuerdo que cuando tenía diez años hacía cualquier trabajo para ganar dinero. Comencé un negocio para cortar la yerba de los céspedes. Aprendí trucos de magia y hacía presentaciones en las fiestas de cumpleaños. En la escuela secundaria comencé un campamento para tenis. Hacía casi cualquier cosa para ganar dinero. No es que fuera materialista. Tampoco era por estar siempre insatisfecho, siempre queriendo más. Simplemente tenía terror de no tener lo suficiente.

Da pena describir lo profundo que esta enfermedad me afectó. Me encantaban las hamburguesas de queso, pero pasé años solo pidiendo hamburguesas sin queso porque el queso costaba veinticinco centavos más, y ¿qué si más tarde iba a necesitar esto para comprar pan? Cuando íbamos al autocine al aire libre, me escondía en el maletero para ahorrar dos dólares. Y cuando tuve dinero en efectivo, nunca lo puse en un banco. No, lo guardaba donde sabía que estaría seguro: entre el colchón y el colchón de muelles.

Enfermizo, ¿verdad?

Gracias a Dios que con la consejería y mucha oración hice algún progreso, poco a poco. Y en el 2006 tomé una decisión que me retó a confiar en Dios en este aspecto tan vulnerable, una decisión que realmente cambió la historia que ahora puedo contar.

Sin embargo, no fue fácil.

# 7.6 Regalarlo

Nuestra iglesia había crecido tanto que personas que no eran de la iglesia comenzaron a comprar los mensajes de fin semana. En aquel entonces la mayoría de las iglesias grandes vendían con bastantes ganancias sus mensajes en cintas de casetes. Este dinero extra podía ir a la iglesia o al pastor que había creado los sermones. La demanda para nuestra enseñanza llegó a ser tal que comenzamos a conversar seriamente acerca de crear un departamento completo solo para administrar la venta de nuestros materiales.

Entonces uno de mis amigos cercanos y miembro del personal, Bobby Gruenewald, me hizo una pregunta que chocó de frente con mis temores más arraigados y así cambió mi historia: «¿Qué si en lugar de vender nuestros materiales sencillamente los regalamos... quiero decir... darlos gratis?».

La sencilla pregunta de Bobby inspiró mi fe, aunque al mismo tiempo sentí mis temores como una ola que me cayera arriba. Los lados opuestos de mi corazón se halaban uno contra el otro con tanta fuerza que pensé que mi corazón se iba a partir por el mismo medio. Me di cuenta de que la sugerencia de Bobby era lo correcto y que lo podría cambiar todo en la iglesia. Pero, incluso así, me aterraba.

Yo había pensado que vender los mensajes podía llegar a ser una fuente de entradas personales. Aquella idea siempre me ayudaba a calmar mi mayor temor. Pero perder este consuelo no era la única razón para mi vacilación. Una razón mayor no era tan egoísta ni personal, pero sí era muy práctica. En ese tiempo nuestra iglesia tenía más deudas que nunca (y ya usted sabe cómo me sentía en cuanto a las deudas). Estábamos tan cortos de dinero que a menudo escasamente podíamos cubrir la nómina. Y esta carga ya estaba cobrando su efecto. Si comenzábamos a regalar nuestros sermones y demás materiales, yo sabía que miles (o incluso decenas de miles) de personas los querrían tener. Y no sería gratis para nosotros. Tendríamos que sufragar los gastos para confeccionar un sistema para regalarlo —personal, equipo, almacenaje, desarrollo— igual que si los vendiéramos. Realmente parecía como si una gran cantidad de dinero fuera a ir en una dirección equivocada.

De repente encaré una oportunidad extraordinaria para hacer algo increíblemente generoso. Algo correcto. Algo piadoso. O yo podía retroceder y hacer lo que todo el mundo esperaba, lo que todos estaban haciendo.

No voy a sobreespiritualizar esto diciendo que fielmente busqué el rostro de Dios en oración. La verdad es que sencillamente decidí hacer lo correcto y confiar en Dios para los resultados. Regalaríamos nuestros mensajes a cualquiera que los deseara.

Ahora bien, esto fue lo asombroso: desde el momento en que tomamos esta decisión sentimos que Dios comenzó a bendecir la iglesia dándonos provisiones financieras como nunca antes. Durante los primeros diez años estuvimos viviendo con apenas lo suficiente. Nunca nos sobró dinero. La mayoría de las semanas estábamos tan apretados que yo sentía un nudo en mi estómago. Pero cuando decidimos confiar en Dios, fue como si Él decidiera confiar en nosotros. Pasaron un par de años y mis temores comenzaron a aflojarse.

Entonces, en el 2008, sucedió lo que más yo temía desde mi niñez. Muchos economistas tildaron este tiempo como la Crisis Financiera Global y consideraron que esta era la peor de su género desde la Gran Depresión en los años 1930. Mis temores se hicieron realidad. Yo dirigía varios cientos de empleados que dependían de la generosidad de los miembros de la iglesia, muchos de los cuales acababan de perder sus trabajos.

La tormenta se presentó de la nada. Solo unas semanas antes la mayoría de los analistas habían estado optimistas acerca de la economía y el futuro. Pero de pronto la bolsa de valores cayó de picada, el desempleo aumentó rápidamente y miles de personas perdieron sus casas y millones vieron cómo el valor de sus ahorros para el retiro perdía la mitad de su valor.

En esos momentos me sucedió algo muy extraño. En medio de esta tormenta experimenté la presencia de Dios como raras veces antes.

No sentía temor. Ninguno. Ni siquiera un poco.

Cuando el resto del mundo pareció entrar en pánico, yo tuve una paz sobrenatural que hasta ahora no puedo explicar cabalmente.

Durante toda mi vida viví con temor. Y ahora estaba viviendo por fe.

Al igual que los discípulos en el barco tuvieron que aprender a confiar en Jesús, yo llegué a confiar en Él con más profundidad de la que imaginaba. Comencé a entender que mi fe no descansaba en lo que tenía en el banco, sino en quien estaba en el barco. Mi confianza estaba en Jesús.

Aprendí que en los valles experimento mejor a Jesús que en las cumbres. Por supuesto, lo aprecio cuando las cosas van bien, pero lo *necesito* cuando estoy bajo. David caminó por el valle de sombra de muerte y dijo: «No temo peligro alguno porque tú estás a mi lado». De esa misma manera decidí confiar en Dios como mi proveedor cuando no tenga nada más en que confiar.

Ahora tengo una historia diferente. Como iglesia nos encanta decir: «Marcaremos la pauta con una generosidad irracional porque

> **Aprendí que en los valles experimento mejor a Jesús que en las cumbres.**

realmente creemos que más bienaventurado es dar que recibir». Hace diez años teníamos diez locales y una deuda de veintiséis millones de dólares. Hasta el presente tenemos veinticinco locales, y no le debemos ni un centavo a nadie. Mejor todavía, hemos tenido el honor de bendecir decenas de miles de pastores y millones de personas con materiales gratis diseñados para acercarlos más a Cristo. El año pasado más de 180.000 iglesias usaron los recursos gratis que hemos hecho. Decenas de millones de personas recibieron mensajes gratis. Y hasta la fecha hemos instalado una aplicación gratis, *YouVersion Bible App* en más de 250 millones de dispositivos.

Al igual que Tomás, pude seguir dudando, pero confiar ha cambiado mi historia. Solo imagine cómo decidir confiar pudiera cambiar su historia.

Porque las decisiones que usted tome hoy determinarán la historia que contará mañana.

## 7.7 Presente en el propósito

Para confiar en Dios, a pesar de sus circunstancias, recuerde dos cosas cuando esté atrapado en una tormenta.

*Primero, la presencia de Dios está con usted, no importa cuán solitario se sienta.* Él siempre está con usted. Marcos escribió en su Evangelio: «Se desató entonces una fuerte tormenta, y las olas azotaban la barca, tanto que ya comenzaba a inundarse» (Marcos 4.37). Note que esto no era un aguacero primaveral; casi era demasiado para el pequeño barco y para los discípulos atemorizados. Pero, aunque soportar las circunstancias parecía ser demasiado, los discípulos no estaban solos. Marcos dice: «Jesús, mientras tanto, estaba en la popa, durmiendo sobre un cabezal» (v. 38).

Repito, muchos piensan que no estarían pasando sus luchas si realmente Dios estuviera con ellos. Pero, sencillamente, ese no es el caso. Tener a Jesús en la popa no quiere decir que la tormenta no moverá el barco. Solo significa que el barco no le hundirá a usted. Nunca olvide esto: Él está con usted, tanto en las lluvias primaverales como en el peor de los tornados imaginables.

> Tener a Jesús en la popa no quiere decir que la tormenta no moverá el barco. Solo significa que el barco no le hundirá a usted.

He oído decir que la presencia de cualquier cosa viviente puede ayudarle a tener una vida más larga. La presencia de un cónyuge. O de un niño. Un compañero de cuarto. Incluso un perro, pájaro, conejo, pez, hurón, helecho, erizo y posiblemente hasta cierta clase de gatos. (Es una broma. Todos sabemos que de los gatos no viene nada bueno).

Las buenas nuevas son que usted no tiene que depender de una mascota o de una planta de interior. Usted tiene al Príncipe de Paz, el Señor de los Ejércitos, el Consejero Divino, que nunca le dejará ni jamás le abandonará. Al igual que Jesús estuvo con los discípulos en el barco, está con usted en la tormenta. Y porque siempre es bueno, usted puede confiar en Él.

Cuando la tormenta se desate y su fe quede firme, la gente le hará toda clase de preguntas:

- «¿Cómo puede usted soportar esto tan bien?»
- «¿Por qué no se volvió loco?»
- «¿Cómo es posible que mientras su mundo se esté desmoronando, usted se mantenga en calma?»
- «¿Cómo logra mantener tanta paz en medio de este caos?»

Y usted tendrá la oportunidad de explicar que no lo hace por sí solo/a. Tiene una ayuda que tal vez otros no puedan ver. Un poder invisible que le da fortaleza cuando se siente débil. Tiene la gracia de Dios, el poder de Dios, el consuelo de Dios y la presencia de Dios.

Me encanta el consuelo que encontramos en muchos de los salmos. «Dios es nuestro amparo y nuestra fortaleza, nuestra ayuda segura en momentos de angustia» (Salmos 46.1). Él está siempre presente, siempre con nosotros y es fiel para ayudar en tiempos de necesidad. También me encanta la rica perspectiva de David en el clásico Salmo 23 donde escribió poéticamente: «Aun si voy por valles tenebrosos, no temo peligro alguno *porque tú estás a mi lado*» (Salmos 23.4, énfasis del autor). David no tenía temor porque confiaba en el Buen Pastor. Y al igual que David, prefiero caminar por el valle tenebroso con Jesús que pasear por las cimas de las montañas sin Él.

*Segundo, no solo está Dios con usted durante las tormentas, sino que también las usará para sus propósitos en la vida suya.* No importa cuán terrible pudiera parecerle en el momento, Dios siempre tiene un plan más elevado y un buen propósito porque Él le quiere a usted más de lo que usted se puede imaginar.

Piense en la historia de la que hemos hablado. ¿Quién decidió cruzar en barco? ¿Se fijó en este detalle? Fue Jesús. Luego de enseñar, Jesús dijo: «Crucemos al otro lado». ¿Por qué planeó este corto viaje? Porque sabía que al lado este del lago había un hombre necesitado. Así que cargó el barco con sus amigos y comenzó el viaje para ayudar a esta persona que estaba sufriendo. Y puesto que Jesús era Dios encarnado, sabía que venía la tormenta. Entrar en la tormenta siempre fue parte de su plan.

No se pierda esto: los discípulos no experimentaron la tormenta porque estuvieran *fuera* del plan de Dios. Los discípulos experimentaron la tormenta porque estaban *en* la voluntad de Dios. La difícil prueba de los discípulos no fue un accidente ni un acontecimiento raro que sorprendiera a Jesús. Él sabía que venía la tormenta. Y sabía que esta cumpliría un propósito mayor en las vidas de los que amaba.

Ahora bien, usted pudiera preguntarse: «¿Causó Dios la tormenta?». Esto es una gran pregunta, y justificada. Es una pregunta que puede hacerse acerca de algo en su vida o acerca de alguien que quiere. ¿Fue Dios quien me hizo perder el trabajo? ¿Causó Dios la depresión que sufrí? ¿Causó Dios que me sucediera esta cosa mala? Necesitamos ser honestos y admitir que creyentes sinceros y brillantes han discutido esta pregunta apasionadamente. ¿Es Dios la causa de todo lo que sucede, o es que sencillamente Dios permite que sucedan algunas cosas?

Algunos dicen que Dios nunca es la causa de los sucesos malos. Si Dios es un Dios bueno, ellos dicen que Él solo puede causar las cosas buenas, y que todas las cosas malas vienen de nuestra oposición malvada. Otros aseveran que Dios es tan grande y soberano que gobierna el universo entero y causa todo lo que sucede en la tierra y en el cielo.

Con toda sinceridad, no lo sé. No soy Dios. No le puedo decir si Dios causa las tormentas o simplemente las permite. Pero hay una cosa de lo cual se puede estar seguro: Dios siempre *usa* las tormentas. Cuando le amamos y vamos tras sus propósitos, Él siempre dispone todas las cosas para nuestro bien (Romanos 8.28).

Si reconocemos esta verdad, podemos decidir por anticipado que no importa lo que suceda, confiaremos en Dios.

Si sabe que Dios siempre está con usted y que usa todas las cosas para su bien, ¿por qué teme?

Confíe en Él.

Mientras mejor conozca a Dios, más crecerá su fe.

## 7.8 Más de lo que puede soportar

Tal vez haya oído a personas bien intencionadas decir: «Dios nunca le dará más de lo que usted es capaz de soportar». Aunque esto suena bien y tal vez parezca correcto, en realidad la Biblia no lo dice. Estoy casi seguro que, al decirlo, la mayoría está citando mal lo que dice 1 Corintios 10.13. Este versículo dice: «Pero Dios es fiel, y no permitirá que ustedes sean *tentados* más allá de lo que puedan aguantar». Es claro ver que Dios no le dejará ser tentado más allá de lo que usted pueda manejar. Pero las Escrituras nunca dicen que Dios no le dará más de lo que usted puede aguantar.

Yo diría lo opuesto. A menudo Dios nos permite experimentar más allá de lo que podemos aguantar para enseñarnos a confiar y a depender de Él.

El apóstol Pablo aprendió esta valiosa lección y anotó sus hallazgos en 2 Corintios. No sabemos con seguridad cuál sería su dolencia, pero Pablo tenía lo que él llamó «una espina en la carne». Durante siglos los eruditos han desarrollado teorías acerca de las posibles causas de su dolor, pero solo podemos adivinar. Lo que sí sabemos es que en múltiples ocasiones Pablo le rogó fielmente a Dios que le quitara lo que tenía; sin embargo, Dios nunca lo hizo.

Si alguna vez hubo una persona digna de esta clase de milagro, fue Pablo. Él sufrió horriblemente por el evangelio, mucho más de lo que podemos imaginar o aguantar. Tenía una fe en Dios ilimitada y oraba con todo su corazón. Si Dios hubiera querido contestar la oración de alguien con un milagro, este habría sido el primer candidato. Y, sin embargo, Dios permitió que Pablo siguiera viviendo con aquella espina. Cualquier cosa que fuera, parece que era más de lo que él podía soportar.

Sin embargo, en lugar de permitir que este desafío le alejara de Dios, Pablo, en cambio, decidió confiar en Dios y dejar que esta experiencia lo acercara más a Dios.

¿Hay algo en su vida que es más de lo que usted puede aguantar? Pudiera ser algún dolor crónico. O un hijo enfermo. O constantes batallas financieras. Problemas en las relaciones, un matrimonio difícil, un trabajo sin posibilidades de ascenso. O cualquier otra dolorosa posibilidad.

La reacción de usted hoy determinará su futuro hasta cierto grado.

En medio del dolor de Pablo, Dios le habló y le ofreció esta promesa: «"Te basta con mi gracia, pues mi poder se perfecciona en la debilidad". Por lo tanto, gustosamente haré más bien alarde de mis debilidades, para que permanezca sobre mí el poder de Cristo. Por eso me regocijo en debilidades, insultos, privaciones, persecuciones y dificultades que sufro por Cristo; porque cuando soy débil, entonces soy fuerte» (2 Corintios 12.9, 10).

Dios prometió que su gracia bastaba.

Pablo no necesitaba que Dios le quitara su problema. La presencia de Dios era todo lo que Pablo necesitaba.

No crea la mentira de que Dios no le dará más de lo que pueda aguantar. Si decide comenzar algo nuevo, probablemente será más de lo que pueda manejar. Cuando Dios le indique que debe comenzar algo nuevo, le dará la gracia necesaria para manejar lo que usted no puede manejar. Cuando le guía a dejar de hacer algo que ha hecho durante años, es probable que esto sea más de lo que usted pueda hacer por su cuenta. Admítalo y pida que Él le ayude. Y cuando usted esté débil, Él estará fuerte.

Cuando usted sepa que necesita quedarse, aunque sería más fácil ir, Dios le ayudará a hacer lo que no puede hacer por sí solo. Y cuando Dios le diga que debe irse, aunque usted preferiría quedarse, Él le dará la fe para tomar el primer paso. Si Dios quiere que usted sirva en maneras que le hará sentirse perdido, Él le dará el poder para hacer lo que haya que hacer. Y cuando le guíe a relacionarse con ciertas personas en su vida, puede estar seguro que Él usará esta relación para bendecirles a los dos.

Nunca tema seguir adelante a través de un desafío, prueba o tormenta porque parezca ser más de lo que usted pueda aguantar. Piense en esto. La primera vez que usted le provee a un niño un hogar de crianza, tendrá una tarea mayor de lo que usted puede aguantar. Si tiene adolescentes, es probable que a veces sean más difíciles de manejar de lo que su capacidad le permita aguantar. Si las cuentas se acumulan y no tiene dinero para pagarlas todas, necesitará la ayuda de Dios. Si recibe una mala noticia de un médico, necesitará las fuerzas y la presencia de Dios que le sostenga.

Es posible que se vea tentado a pensar: *Necesito ser fuerte.* Pero la verdad es que está bien ser débil. En su debilidad, las fuerzas de Él serán todo lo que usted necesitará.

Cuando encare una tormenta, una lucha, alguna prueba inesperada, recuerde que de vez en cuando Dios permitirá que usted tenga más de lo que puede manejar. Él usará pruebas para cambiarle a la imagen de su Hijo y enseñarle a confiar en Él. Él transformará estos obstáculos en vehículos de bendición.

Esto es lo que Dios hizo por mí. Dios transformó mis temores en confianza. El temor de no tener lo suficiente se convirtió en una fe capaz de dar, y luego dar todavía más.

En lugar de poner mi esperanza en un barco, mi alma puso su esperanza en el Señor.

Entonces, ¿cuál es su temor? ¿Todavía tiene poca fe? Confíe a Dios lo que esté reteniendo. Confíe a Él su futuro cónyuge. Confíe a sus niños en las manos de Él. Confíe en Él acerca de su carrera. Confíe en Él acerca de su salud. Confíe en Él acerca de sus finanzas.

Confíe en Él sin reservas.

Punto.

## CONCLUSIÓN

# Gran impacto

Uno de mis privilegios como pastor es acompañar a una persona al final de su historia. A veces estoy presente con la familia en el momento que alguno pasa de este mundo. Otras veces me piden que dirija un funeral o un servicio conmemorativo para honrar la vida de la persona. Lo que he descubierto es que no importa cómo alguien intente contar la historia de su vida, al final, esa vida hablará por su cuenta.

Algunos funerales son un honor para mí, un gozo absoluto. Cuando pido que la familia describa a su ser querido, a veces se ríen al recordar, historia tras historia, el gozo que trajo esta persona especial a sus vidas. Otras veces derraman lágrimas de tristeza por lo mucho que le extrañan. Por supuesto, todos lamentan la pérdida de un ser querido, pero hay algo especial acerca de celebrar una vida bien vivida.

Algunos funerales son realmente difíciles. Le pido a la familia que cuente cómo era la persona que murió y el salón permanece en un silencio incómodo. En lugar de escuchar cómo amaba a las personas de una manera incondicional o cómo estaba siempre presente para cualquier persona necesitada, el silencio solo cuelga en el aire mientras las personas luchan pensando en algo, cualquier cosa, que pudieran decir.

Por fin, alguien hablará y dirá algo como: «Bueno, ustedes saben cómo a abuelo le encantaba ver los juegos universitarios de fútbol». Entonces todos dan un suspiro de alivio, y acuerdan que, efectivamente, a él le obsesionaban aquellos juegos. O tal vez alguien diga: «A ella le gustaba mucho leer libros sobre crímenes misteriosos», y otros asentirán con su cabeza.

No hay nada malo con los juegos de fútbol o con los libros de crímenes misteriosos, pero ¿es así como usted desea que le recuerden?

A menudo lo que más me impresiona no es lo que dicen los dolientes acerca de sus seres queridos, sino lo que no dicen. Siempre hay historias. Pero no siempre hay historias que la familia desee contar, usted sabe, las cosas buenas, en las que el difunto dejó un impacto muy positivo, una historia que tiene el tamaño de un acre de ancho y millas de largo, y que toca la vida de todo el que lo conoció.

Sé que es difícil imaginarlo, pero algún día las personas hablarán acerca de usted. Y lo que he aprendido en los funerales es esto: al final de la vida los que más le quisieron no estarán hablando sobre las muchas cosas que ahora consumen sus pensamientos. En estos ambientes no se mencionan muchas de las cosas que nos esforzamos por conseguir, cosas que perseguimos y que enfatizamos en nuestra cultura. Nunca he estado en un funeral donde la familia reparta el currículum vitae del difunto, rememorando cada uno de sus logros. Nunca he visto a una familia distribuir estados de cuentas bancarias ni carteras de acciones industriales. Ni tampoco he visto trofeos ni medallones desplegados al lado del ataúd, por más que nuestra cultura aclame los deportes.

Lo que cuenta no es lo que hicieron, sino quienes eran. Sus motivos, actitudes, sentimientos —la clase de persona que era— estas son las cosas por las cuales se recuerdan. Historias cómicas acerca de cómo hicieron ciertas cosas a su manera especial. Recuerdos de cómo ofrecieron ánimo, apoyo, amistad, compasión y amor a la familia, amigos, compañeros de trabajo, comunidades. Testimonios acerca de cómo su fortaleza, valentía, resistencia y fe inspiraron a todos los que le rodeaban. Estas son las cosas que definen el final de la historia de una persona.

Stephan Covey, en su libro clásico acerca del liderazgo: *Los 7 hábitos de la gente altamente efectiva,* pide que los lectores piensen cómo quieren que otros les recuerden después que ellos mueran. Aunque pudiera parecer extraño, mórbido o deprimente, en realidad, este es un ejercicio que afirma la vida y es muy liberador. Cuando pensamos cómo es la clase de persona que queremos que otros recuerden, es mucho más fácil caminar retrospectivamente desde nuestra muerte para entonces tomar ahora las decisiones que nos ayuden a crecer hasta llegar a ser esa clase de persona. Si conocemos nuestro destino, será mucho más claro cuándo y dónde debemos comenzar, detenernos, quedarnos e ir.

> Si conocemos nuestro destino, será mucho más claro cuándo y dónde debemos comenzar, detenernos, quedarnos e ir.

En última instancia, sabemos que nuestra historia no tiene que terminar cuando dejemos esta vida. Cuando experimentamos la gracia de Dios por medio de Cristo, vivimos para siempre, sirviendo y disfrutando a Dios en el cielo. Y aunque no estoy completamente seguro, creo que esto sucede cuando nuestras historias pasan a un nivel completamente nuevo.

Porque nuestras historias no son solo *nuestras* historias.

Nuestras historias son parte de una historia todavía mayor.

Cada vida está relacionada con muchas otras.

Mi historia está conectada con la suya. Nuestras vidas se interceptan con una incontable cantidad de vidas que no conocemos y ni siquiera imaginamos. Pero Dios conoce la gran historia, el diseño maestro que ha estado creando desde el principio de los tiempos. Él sabe cómo encajan los capítulos unos con otros, cómo cada una de nuestras historias se une en una epopeya como ninguna otra.

Imagine a una persona en el cielo explicando cómo le impactó la vida de usted. Cómo su historia cambió la de ellos. Una vez escuché a una persona decir que en el cielo tendremos un tremendo banquete, una fiesta-cena locamente gozosa y única por completo. Durante la comida, uno tras otro tendrá la oportunidad de contar su historia y por fin veremos cómo todas encajan una con otra.

Un estudiante de la universidad decidió ir a estudiar en lugar de ir a una fiesta, esa decisión hizo que ese estudiante conociera a alguien que más adelante le presentó a la que luego sería su esposa. Conocer a la esposa llevó a crear las nuevas vidas de sus hijos, a comenzar un nuevo ministerio y una iglesia que bendijo a incontables vidas. Negarse a hacer trampa en el trabajo le hizo perder su empleo, pero terminó por despertar la consciencia del jefe que lo obligó a ir a la iglesia donde aceptó a Cristo. Un compromiso de una mujer para quedarse en su matrimonio influyó a otra a perdonar a su esposo y luchar por el matrimonio. Una tras otra, las historias fluyen como bellos arroyos, riachuelos y tributarios fusionándose al magnífico río de la redención de Dios.

Entonces, ¿cómo quiere que sea su parte en esta historia final? Sé que usted no quiere vivir con pesares. Nadie los quiere. Pero la mayoría los tendrá. Tal vez a usted no le agrade el rumbo por el que se encamina la historia de su vida, pero aún no se ha terminado. No es muy tarde para cambiarlo. Todos hemos tomado decisiones que lamentamos. Todos hemos cometido errores y nos hemos preguntado cómo pensábamos seguir andando. Pero las buenas nuevas —la esencia de la epopeya final de la que hablé— es una nueva vida. Un nuevo comienzo. Renacimiento. Resurrección. Gracia.

Dios quiere que su historia sea más que «felices para siempre». Él quiere que usted tenga una vida plena «eterna y para siempre». Si usted lo permite, su historia se escribirá en un lenguaje más significativo, con temas más hermosos de los que se imaginó.

Esto me recuerda una prolongada conversación que sostuve con Chris y Cindy Beall. Hace unos quince años Chris se unió al personal de la iglesia como pastor de adoración. Tristemente, luego de unas seis semanas en su nuevo trabajo, descubrimos que él tenía múltiples aventuras amorosas. Se podrá imaginar lo destrozados que todos nos sentimos, especialmente Cindy, su esposa, que como nosotros tampoco tenía ni la más mínima idea de esto.

Nunca olvidaré la conversación que tuve con Chris en nuestra iglesia luego de sorprenderle atrapado en su red de decepciones. Con tanto amor como pude mostrarle, le expliqué a Chris que la decisión que él tomara durante los próximos minutos tendría un impacto en su futuro mucho mayor de lo que cualquiera de los dos pudiera imaginar. En ese momento él enfrentaba dos caminos que lo llevarían en direcciones opuestas. Él podría seguir mintiendo y decepcionando, cubriendo la evidencia, contando verdades a medias y esperando lo mejor. O podía confesar la verdad. Podría ser sincero, confesar todos sus pecados, clamar pidiendo ayuda y con la gracia de Dios comenzar a reedificar su vida, su matrimonio y su ministerio.

Él tendría que decidir.

La decisión correcta era la más difícil. Mucho más difícil. Pero como seguidores de Jesús sabemos que es mejor elegir lo difícil, en lugar de lo fácil, si lo difícil es lo correcto.

Chris respiró profundamente y comenzó a hablar. Me contó que hizo más cosas malas de las que yo hubiera podido soñar. Habló... y habló. Y habló todavía más. Una vez que terminó de vomitar años de adicciones, mentiras y decepciones, se detuvo y dijo algo así: «Eso es todo. Es mi historia, y yo odio cada parte de ella».

En ese momento me di cuenta de que yo estaba mirando a los ojos de un hombre que había sido completamente honesto por primera vez en quién sabe cuánto tiempo. Como pastor tuve la oportunidad divina de ofrecer esperanza: «Y en este momento tu historia está comenzando a cambiar. Lo que una vez fue, ya no será. Dios te puede dar una historia nueva». Le expliqué a Chris que había encontrado una nueva palabra hebrea: *shuwb*, que a menudo se traduce como «restaurar» pero que también significa «volver», «regresar» o «ser mejor que nuevo». Le pedimos a Dios que estas fueran las palabras para su matrimonio. Que no solo sanara su matrimonio, sino que fuera mejor de lo que pudieran soñar.

Oramos juntos y comenzó la travesía. Después de meses de consejería y un cuidado pastoral profundo y personal, Chris y Cindy rehicieron su matrimonio lentamente. Luego de pasar un tiempo, porque ellos permitieron que Dios los restaura, dejamos que Chris volviera a unirse al personal de la iglesia realizando una labor más bien de principiante. A medida que continuó probando cómo realmente era él, le dimos ascensos graduales. Con el paso de los años Chris llegó a dirigir nuestra mayor instalación de iglesia y ahora supervisa varios pastores de otros locales de la iglesia.

Hace poco el pastor Chris predicó a toda la iglesia y contó toda su historia sin editarla. No creo que en la iglesia quedara ni un solo ojo sin alguna lágrima mientras que Chris explicaba la profundidad de su pecado y la gloria del perdón de su esposa y de la gracia de Dios. Al terminar el mensaje, Chris habló acerca de la palabra *shuwb*, la palabra hebrea que unos años antes usamos para orar. Chris glorificó a Dios porque su historia, que una vez estuviera tan llena de tinieblas, ahora estaba llena de luz y vida. Por la gracia de Dios y la valiente decisión de su familia, Dios les dio una historia que era mejor que nueva.

Lo que el enemigo intentó que fuera para mal, Dios lo usó para bien.

Y así mismo puede suceder con usted. Cuando esté parado ante una encrucijada, tenga la fe y la osadía de elegir el camino más difícil, en lugar del más fácil, si el camino difícil es el correcto.

La elección es suya.

El momento es ahora.

Entre en su dirección divina.

# Reconocimientos

Q uiero expresar mi más profundo agradecimiento a todos mis amigos que contribuyeron a este libro.

Dudley Delffs: Tú eres un editor ninja. Y eres un gran amigo.

David Morris, Tom Dean, John Raymond, Brian Phipps y todo el equipo de Zondervan: Gracias por el compromiso de satisfacer las necesidades de las personas con un contenido que honra a Cristo.

Tam Winders: Gracias por estar de mi parte. Tú eres un gran agente y amigo.

Brannon Golden: Mi vida es mejor gracias a tu familia. Gracias por ayudarme para que mis libros sean lo que nunca serían sin ti.

Jennifer McCarty y Adrianne Manning: Son las mejores. La manera en que sirven diariamente honra a Jesús y bendice a mi familia.

Amy Groeschel: Doy gracias a Dios todos los días porque Él te trajo a mi vida. Tú eres mi mejor amiga para siempre.

# Notas al final

1. Jeanna Bryner, «You Gotta Have Friends? Most People Have Just Two Real Pals», NBC News, 4 noviembre 2011, http://www.nbcnews.com/health/health-news/you-gotta-have-friends-most-have-just-2-true-pals-f1C6436540.

2. Janet Kornblum, «Study: 25% of Americans Have No One to Confide In», *USA Today*, 22 junio 2006, http://usatoday30.usatoday.com/news/nation/2006-06-22-friendship_x.htm.

3. Dean Schabner, «Americans Work More Than Anyone», ABC News, 1 mayo 2016, http://abcnews.go.com/US/story?id=93364&page=1.

4788156900

101406.7277.

17031181131

Nos agradaría recibir noticias suyas.
Por favor, envíe sus comentarios sobre este libro
a la dirección que aparece a continuación.
Muchas gracias.

Vida@zondervan.com
www.editorialvida.com